JN065074

目　　次

第 1 章　安全管理の基本

第3章　事　例

第 *1* 章

安全管理の基本

安全管理の必要性

第1　安全管理の意義

　安全管理という用語は、消防職員の安全管理、食品の安全管理、鉄道運行上の安全管理など多岐に使用されており、非常に幅広い意味をもつ。「安全管理」についての定義規定は法令に存在しないが、複数の法令で「安全管理」が用語として用いられている。

　例をとってみると「薬機法」、「個人情報保護法」、「危険物の規制に関する規則」、「医療法施行規則」などの法令で用いられており、それぞれの法令が所管する事項に関する事故や災害を防止するための措置を表している。

　「安全」は、「安らかで危険のないこと。平穏無事。」「物事が損傷したり、危害を受けたりするおそれのないこと。」（広辞苑）、そして「管理」は、「管轄し、処理すること。良い状態を保つように処置すること。とりしきること。」（広辞苑）であり、「安全管理」の一般的な意味としては、[物事が損傷したり、危害を受けたりすることがないように、管轄し良い状態が保たれるよう処置すること]といえる。

　本テキストにおいては、安全管理の対象を《「消防職員の受傷を伴う事故」若しくは「消防職員の受傷はなかったものの、その可能性があった事故（ヒヤリ・ハットした事案）」》としたい。それは、本テキストを参考とする消防職員に「安全管理は何を対象としているのか？」という疑問を払拭させるためである。

第2　安全管理の目的

　消防職員にとっての安全管理の目的は、「業務執行時に受傷者を出さない」ことである。

　これは消防にとって、どのような危険性を有する活動環境であっても、職員の安全を保持するためあらゆる手段を講じ、絶対に受傷者を発生させないという、個人及び組織の共通認識の下、都民の生命、身体及び財産を守るため、活動するということである。

　すなわち、職員全員が安全管理について共通の認識を持ち、一人ひとりがその重要性を自覚し、安全な活動を実践できることがその第一歩となる。

　まず、安全管理とは何か、なぜ必要なのか、ということを一般的な労働災害に関する安全管理の理論と消防活動の特異性などと併せて論じていきたい。

1　許容される安全の範囲

　ハーバード大学教授 W.W.Lowrance は、「安全とは許容限度を超えていないと判断された危険であり、危険とは許容限度を超えていないと判断した人に対する危害の発生確率並びに有害性である。」と規定し、ネブラスカ大学教授 C.O.Smith は、「安全とは人の心の内にある。」（Safety is state of mind）としている。このことは、安全は個人の心理的観点が大きく左右し、個々の認識により安全には幅が生じることを指摘している。

　近年、安全管理の観点から論じられているリスクアセスメントにおいても、「危険はゼロでなければならない。」という思想から「最大限可能な危険の除去」という具体的な考え方が示されているが、これも許容される安全の範囲の思想であるといえる。

　上記を総合すると、安全（safety）は、「受入れ不可能なリスク（risk）がないこと」と定義される。リスクとは、「危険な状況下で起こり得る損害又は健康障害の可能性とその程度の組合せ」とされ、決して「安全な状態」と「安全でない状態」のように、はっきりと分かれているものではなく、安全性が高いとか低いとかのように評価されるものである。同様に「安全行動」とか、「不安全行動」のようにはっきりと分けることは困難である。

　安全性の程度は、「傷害の起こり得る可能性」と「傷害の程度」の組合せによって、「取るに足らないリスク」、「広く受け入れられるリスク」、「許容可能なリスク」、「受入れ不可能なリスク」などに分類される。「受入れ不可能なリスク」は、少なくとも「許容可能なリスク」まで下げる必要がある。「受入れ可能なリスク」が達成された行動か、否かだけ判断できるのみであるとするのが昨今の安全を考える上での一般理論である。

2　災害と事故の定義

　「災害」とは、「異常な自然現象や人為的原因によって、人間の社会生活や人命に受ける被害。」（広辞苑）のことをいう。また、労働災害とは、「就業にかかわる建設物・設備・原材料などにより、または作業行動・通勤途上などにおいて、労働者が負傷・病気・死亡する事故。」（広辞苑）とされている。ここでは災害の中でも一般的な労働災害と事故の定義を考えてみたい。

　労働災害の定義については、ILO の国際労働統計家会議で採決されたものに、「災害とは、人（労働者）が物体、物質若しくは他人と接触するか、又は人の行動により、その結果として人の傷害を伴う出来事である。」というものがある。

　また、労働安全衛生法第 2 条に「労働者の就業に係る建設物、設備、原材料、ガス、蒸気、粉じん等により、又は作業行動その他業務に起因して、労働者が負傷し、疾病にかかり、又は死亡することをいう。」として用語の定義がされている。事故の意義としては、「思いがけずに起こった悪い出来ごと。また支障。」（広辞苑）とあるが、この意義を労働災害における「事故」の定義として当てはめることはできない。労働災害における「事故」について明確な定義はなされていないが、「労働者の就業に係る建設物、設備、原材料、ガス、蒸気、粉じん等により、又は作業行動その他業務に起因して」発生した人に危害が及ぶ、若しくは及ぶおそれのある悪い出来事で「負傷、疾病、死亡」という現象が生じた災害を含むものという一つの考え方で

きる。

　本テキストにおいては、「労働災害」を「受傷事故」とした表現を用いることがあるので誤解のないようにしたい。これは、消防活動で用いる「災害」と労働災害で用いられる「災害」に若干の意味の違いがあるためである。

3　消防活動の特殊性

　労働災害とは、前述したとおり「労働者の就業に係る建設物、設備、原材料、ガス、蒸気、粉じん等により、又は作業行動その他業務に起因して、労働者が負傷し、疾病にかかり、又は死亡することをいう。」と具体的に定義されている。消防活動においても本定義に該当していることはいうまでもない。

　しかし、消防活動における作業環境を考えてみると、火災、交通事故、機械に伴う事故など、既に労働災害が発生し、進行している環境である。端的に言えば、通常一般の人々が避難し、また逃げ惑う環境下で活動しなければならないのである。ニューヨークにおける9.11テロの際は、まさにこの状況を克明に現している。

　避難階段を命からがら避難する一般人と相対して消防隊員は、避難階段を上へ上へと逃げ遅れた人の救助に向かっていくのである。結果として300人以上の消防隊員が殉職したのである。

　9.11テロは、極論となるが、消防活動の任務自体が安全管理という面において特殊性を有しているのである。次にその特殊性について具体的に触れてみたい。

⑴　活動対象の拡大性及び不安定性

　災害は予告もなく、突発的に発生し、常に状態変化の連続であり、その予測が極めて困難である。また、人的・物的被害と危険性を伴い、それが急速に進行する特性がある。

　消防機関は人命救助や被害の極限防止のため、直ちに行動を開始するが、近年においては、NBC災害、テロ災害など災害実態を把握するまで安易に被災対象に進入、活動できない災害も増加の一途をたどっている。しかし、人的、物的な被害は進展していることも事実である。また、災害に遭った対象物は、何らかの被害を受けているため、正常な機能を失い、安全性を欠いた不安定な状態になっている。

⑵　活動障害

　災害現場には、消防隊員の行動を阻害する各種の要因がある。

　初動時においては、出場途上の交通の輻輳に始まり、違法駐車等の通行障害に遭遇しながら現場到着すると、次には衆人環視による活動障害がある。火災現場の活動障害としては、炎、熱、煙が顕著な例である。特に、耐火建物火災においては、炎と対面する前に、まず濃煙と熱気に阻まれ、人命検索や消防活動に多大な影響を及ぼす。救助活動現場においても、高速道路上の交通事故に伴う救助活動、列車事故に伴う軌道敷地内の活動など、他の車両の通行状況や列車の運行状況などは、活動する隊員の活動障害となるばかりか危険要因となる。NBC災害は、視覚・聴覚・嗅覚等の五感を研ぎ澄ましても、物質自体確認することができないばかりか、平成7年3月に発生した地下鉄サリン事件で分かるように、「事故内容が何か分からないうちに受傷する」可能性が非常に高く、現場そのものが活動障害なのである。

　平成17年に発生したロンドン地下鉄、市街地でのバス連続爆破テロ災害のようにその目的が無差別テロであり、どこで発生するか予測困難な災害については、二次災害の危険性も高く、予想できない活動障害となる。例を挙げると枚挙にいとまがないが、災害現場にはどこにでも行動障害となる危険要因が多数存在することを銘記しなければならない。

⑶　活動環境と異常心理

　災害現場は前述したとおり、一般の住民等が避難し、逃げ惑う場所で、別の言葉で表現すると修羅場といえる。消防隊員は、こうした修羅場といえる場所で活動をするのである。また、衆人環視の目が集中している場所でもあり、災害現場で活動する消防職員にとっても、心理的に緊張、興奮、焦りなどを感じざるを得ない状況となっている。「平素から訓練を積み重ねておけば」とか「経験が足りないから」などという言葉だけで決めつけられるものではない。

　平成14年10月から平成15年３月に、新たな視点からの安全管理体制の再構築を目的として人間工学やスポーツ心理学の学識委員等を招致して開催した「心理学から見た消防活動現場における安全管理の在り方研究会」において、これまでの安全管理対策の問題点を抽出し、その結果、消防活動の受傷事故に大きく起因すると考えられる活動隊員の心理的な行動の研究や行動分析等の科学的な研究が十分実施されていないという結論を導き出した。

　同研究会では、また、昭和54年から10年間の受傷事故事例のうち10例をモデルケースとして抽出し、それぞれについて事故発生に影響を及ぼした判断、行動の特定を試み、建設、医療、交通事故の分析手法として広く活用されているバリエーション・ツリー・アナリシス（VTA）により分析を行った（P69参照）。

　その分析結果に基づき、消防活動時期別に心理的背後要因を「心理的要因」、「生理的要因」、「チームワーク」の３項目に分割し、更に21項目を詳細に抽出した結果が表１のとおりである。

表1

No.	要因	現着前		初期			中期		後期		収納期
	活動フェーズ	階段からの転落	蓋に指を挟む	火に煽られる	ホース延長中の転倒	熱風の吹き出し	室外機の落下	ホースを落とす	めまい・脱力感	床抜け	梯子収納
1	気負い	○		△		○			○	○	
2	焦り・急ぎ・慌て		○		○	△			△	△	
3	使命感・危険をいとわない（危険と知りつつも敢行）	△		○				△	△	△	
4	面倒・近道行動・省略行動・手抜き	△			○			○			
5	危険性の過小評価・予測の幅の狭さ	△		△	○	○	○	○		○	
6	過信（体力・技量・状況判断・資器材）	○				△		○	○		
7	不安・自信がない・恐怖										
8	油断・不注意・気軽・安易	○	○	○	○	○	△	△	△	○	○
9	一点集中・目前の事象にとらわれる			○	○						
10	先入観・思い込み	○	○	△	△			○		△	△
11	慣れ	○	○	○	○			○			○
12	無意識行動・習慣的動作・反射的行動	○	○		○						
13	（活動開始時における）覚醒水準の低下・疲労の蓄積した状態			△							
14	加齢に伴う機能低下										
15	疲労（緊張の継続・体力的消耗・身体的負担が大きい）						○		○	○	△
16	（活動時間の超過に関連する）集中力の低下・忘却						○		○	○	○
17	無理な姿勢での活動									△	△
18	上下関係（無理な頑張り・進言できない・面子・信頼）	○		○		△		△	○	△	
19	経験不足・知識不足		△	○		○	○				
20	コミュニケーション不足・連携の悪さ			△		○	○	△	△		
21	無理のある実施方法（乱暴・丁寧さに欠ける・計画に無理がある）		○			○	△	△			○

心理（No.1〜12）　生理（No.13〜17）　チームワーク（No.18〜21）

○　関与していると考えられる要因　　△　関与した可能性のある要因

　この分析結果から見ても分かるように、消防活動現場における消防隊員は、建設業や医療業務の従事者などとはその質、内容は異にしているものの、心理的に大きな影響を受けていることは間違いないのである。活動環境が修羅場という異常な状況であり、活動隊員にとっては心理的に大きな影響を及ぼすものであることをあらかじめ十分認識する必要がある。

　また、災害現場での活動は激務である。消防活動は、静から激動への移行である。いったん活動が開始されると、活動全隊員が前述の心理的、生理的な要因で示すよう精神的にも肉体的にも極限の状態まで持ちこたえる力を発揮しなければならない。

　消防隊員の活動は、災害拡大速度を上回る迅速性、緊急性が要求され、かつ状況不明下においても活動障害と立ち向かうことから、大変な忍耐力を必要とし身体も極度に疲労する。このように消防活動は、体力の消耗、疲労の増大を招き心理的（精神的）な負担も大きく、注意力、思考力、判断力等の減退とともに危険性が増大することも心得て、必要な対応策を講じることが肝要である。

第3　安全管理の基本的な理論

　ここでは、受傷事故に深く関わる人間特性等の理論について触れておくこととする。第 2 章において詳細に記述することとなるが、前段階として基礎的な知識について記述する。

　アメリカの安全技師であるハインリッヒ（Heinrich）の提唱した「1：29：300の法則」は、事故と労働災害の関係を明らかにしたものであり、1 回の重傷（事故）災害が発生したとすれば、その本人は同様な原因で29回の軽傷（事故）災害を起こし、更に同じ性質の無傷害災害を300回伴っており、またその重傷災害の底辺には無数の不安全行動や不安全状態が潜んでいるというものである。

　ハインリッヒの提唱した本理論は、材木伐採作業者の転倒事故を統計的に解析したものである。その後、この割合や分析方法などには異論が示されているが、この解析が与えた教訓は、割合ではなく不安全状態に対する対処への姿勢である。

　人間生命の尊重は重傷者や軽傷者への対策となるが、ここで重要なことは、重・軽傷者の30件の解析のみが大切でなく、全事故の原因

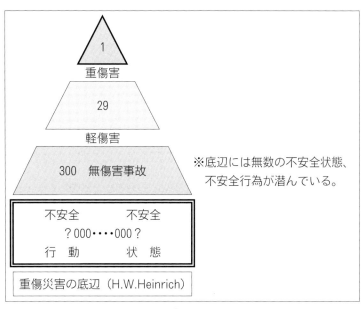

図 1

となった330個の切株をなくすこと、すなわち事故への潜在的危険（不安全状態）をなくす必要があることを示唆している。

　人間の特性には状況に応じた判断を持つ柔軟性があるが、一方では意識の分散・中断・迂回・過集中等から生じる不注意、錯誤・錯覚、疲労等に影響されやすい弱点を持つことを理解し、これらの理由で不安全行為がなされるもの、また不安全行為がなされても災害に至らない手当をしておくことが安全確保につながる。

　人間の情報処理系は同時に複数の刺激を感知、処理できない。複雑な状況では一方に意識を集中すれば、他方は当然おろそかになる。興味のあること、やりがいのあることに意識が集中しやすく、慣れきった業務、単調な業務には意識の集中が散漫になる。複雑な状況下では錯誤・錯覚を起こしやすい。

1　3Eと4M

　アメリカ航空宇宙局（以下「NASA」という。）では、安全対策の中心的な内容について、次の3つのEが必要と言われてきた。

　　Engineering　（技術）
　　Education　（教育）
　　Enforcement　（強制）

　この3つのEは災害（事故）が機械的又は物理的に不適切な環境、知識又は技術の欠如、不適切な態度、管理不適正のいずれかが主原因となって発生するということを前提としたもので、古くから安全プログラムの基礎となってきた。

　しかし、昨今ではアメリカ空軍（USAF）が開発し国家運輸安全委員会（以下「NSTB」という。）で採用されている「4M方式」が一般的に用いられるようになってきている。

　　Man　　　　　（人間）
　　Machine　　　（機械）
　　Media　　　　（媒体）
　　Management　（管理）

　「Man」とは、人間がエラーを起こすヒューマン・ファクターのことをいうが、分析においては本人よりも本人以外の人、同僚や上司などの人間関係を重視する。

　職場での人間関係、集団のあり方は、指揮・命令・指示・連絡などに影響し、人間行動の信頼性に関係するという考え方である。

　「Machine」とは、機械設備などの物的条件をいい、機械の危険防護設備、活動環境の安全維持、マン・マシーン・インターフェイスの人間工学的設計などが含まれる。

　「Media」とは、本来「Man」と「Machine」をつなぐ媒体という意味であるが、具体的には活動に関する情報、活動の方法、活動環境などのことをいう。

　「Management」とは、安全法令の徹底、安全規定等の整備、安全管理組織、教育訓練、活動計画、作業の指揮・監督等の管理のことをいう。

　NSTBの用いるこの手法は航空機事故の災害分析として発展したものであるが、人間の介在するすべての作業に適用できるものとして、広く活用されている。

　4Mについては、庁内で共有する安全管理情報でも受傷事故の要因としてそれぞれのMがど

のように関与していたか明らかにするため具体的に分析し、表示するとともに、警防業務安全管理要綱別表第1「受傷事故発生時の報告要領」の中にも事故の背後要因ができるだけ詳細に分析できるよう取り入れている。

2　ヒューマンエラー

　一般人と消防職員は、教育も仕事の内容も全く異にしており、前述したとおり消防職員は災害現場で安全・確実・迅速に活動できるよう訓練されている。しかし、基本的に人間であることに変わりはない。ということは、同じような限界や短所を有していることになる。ヒューマンエラーとしてみる時、多くの共通点が存在する。人間側の原因は共通している。「うっかりミス」や「取り違いミス」がそのほとんどを占めている。

　こうした「うっかりミス」、「取り違いミス」など人間側のエラーをヒューマンエラーと呼ぶ。ヒューマンエラーとは、どのように定義づけされているのだろうか。

　ヒューマンエラーとは、「達成しようとした目標から意図せずに逸脱することとなった期待に反した人間行動」（日本ヒューマンファクター研究所）と定義されている。

　この定義からも分かるように**意図せずに**ミスしてしまうことである。

　危険要因が多く存在する災害現場においては、いくら意図せずといってもそのミスが受傷事故を誘発する可能性が高いのである。しかし、どんなに一所懸命活動していたとしても隊員も人間である。注意力には限界があるはずである。限界に達した隊員に対していくら口すっぱく「しっかりしろ」などと精神力に訴えたり、腕立て伏せなどの罰を与えたとしてもエラーは防げない。

　人間の脳には、エラーというモードはない。常に最良の出力を発揮するようにデザインされているため、最善を尽くした結果、エラーを招いてしまうといわれている。そこでなぜエラーとなったのか、その背後に隠れている要因を究明して対策をとらなければ、受傷事故を誘発するヒューマンエラーを改善できないはずである。

　まずは、エラーというものは何かを知る必要がある。そこで次に、エラーについての一般的な理論を示すこととする。

3　認知心理学から見る行動の分類とエラーの分類

　エラーの分類には様々な分類方法があるが、ここでは認知心理学的な視点から分類されているモデルを記す。「認知心理学」は、知的機能の解明に関わる分野であり、人間の知的活動を一種の高次元情報処理システムとみなして問題解決や思考、判断など心的活動を理解しようとするものである。

⑴　スリップ・ラプス・ミステイク

　　エラーのタイプは、実行の失敗（スリップ及びラプス）と計画の失敗（ミステイク）に分類される。

表2

分　類	分　類　説　明	例　　示
スリップ	計画（ルール）自体は正しかったが実行の段階で失敗してしまったもの。	高所作業時に身体確保ロープをかけたが、誤って固定されていないところにかけてしまった。
ラプス	実行の途中で計画（ルール）自体を忘れてしまったもの。	確保ロープをかけようとしたところ、他の命令を隊長から言われたことで、かけることを忘れてしまった。
ミステイク	正しく実行できたが計画自体間違っていたもの。	禁水性の物質に対して、その物質が禁水性であることを認識せずに放水してしまった。

　これらのエラーのうち、スリップは注意の失敗が関係しており、計画の正しさを意識せず行動だけがルーチン化しているものである。

　すなわち、注意を向ける意識の量が低下し、「ボーっと」していたためにエラーが起きてしまうものである。

　ラプスとは、注意を向けていた意識が、別の方向に注意を向けたため、前の注意を忘れてしまったものである。

　計画段階の失敗であるミステイクは、①ベテランであるがための失敗、②知識、経験不足による失敗の2種に分類される。

　①は、これまで蓄積されてきた知識、経験が解決方法を固定してしまい、状況に応じた正しい判断ができなくなるものである。ベテランと呼ばれる職員にみられるエラーである。

　②は、知識、経験が乏しいため、解決方法を元から知らなかったり、だれも経験したことのない状況に陥り、正しい解決方法を導き出すことができなかった場合などである。

(2)　スキルベース・ルールベース・ナレッジベース（SRK モデル）

　人は外界から情報を認識し、それに対応する行動を計画して実行するが、各段階で使われる注意の使用量は、その時の状況とそれを行うものの習熟度によって異なるものである。

　各段階における注意容量の使用度によって、行動パターンはスキル（Skill）ベース、ルール（Rule）ベース、ナレッジ（Knowledge）ベースの3段階に分類される。

表3

分　類	内　　容
S・スキルベース	三連はしごの取り扱いも、反復訓練していくうちに慣れてきて、動作など意識することなく体が勝手に動く状態となる。この段階がスキルベースの行動にあたる。
R・ルールベース	問題に対する対処方法が既に決まっていることで滞りなく問題を解決することができるとされる行動は、ルールベースの行動とされる。 　例えば、訓練を行っている隊員が三連はしごを取り扱う場合の行動である。

K・ナレッジベース	例えば、消防学校に入校したばかりの職員で、訓練もせずに三連はしごをスムーズに扱える者はいない。スムーズに扱うまでにはそれ相応の訓練が必要である。このとき、注意の使用量はほぼすべてが使用されており、これまでに得た知識経験をフル活用する必要がある。 　このような段階での行動をナレッジベースという。 　多くのことを知らない・できない初心者は、ナレッジベースの行動をとっていることとなる。

　初心者又は若輩者の行動は、当初はすべて不慣れなナレッジベースであり、徐々に慣れてくるうちにルールベースに、最終的には体が勝手に動いてくれる注意力をあまり使用しないスキルベースへの変身を遂げる。

　このSRKモデルと(1)で述べたエラーの分類（スリップ・ラプス・ミステイク）との関係は次のとおりといえる。

　スキルベースでは自己を監視するモニタリング力の低下による「監視の失敗」が関わっており、スリップとラプスが対応する。ルールベース、ナレッジベースでは「問題解決の失敗」が発生するものであり、ミステイクと対応する。

　図示すると図2のとおりである。

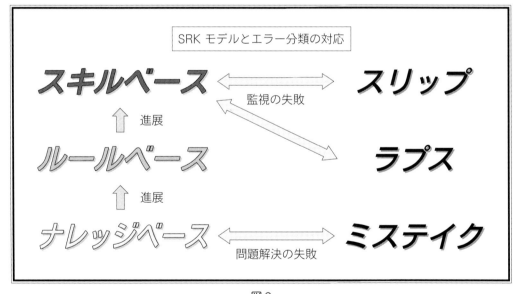

図2

(3)　入力エラー・媒介エラー・出力エラー

　人間の情報処理過程は、入力・媒介・出力の3段階に分類することができるといわれている。

　例えば、【出火した建物への進入】の一連の活動を例に挙げてみると、

①【出火した建物を視認して】、

②【出火した建物から火煙が噴出していないのでホース線なし、素面で進入できるものと判断】、

　③【ホース線なし、素面で進入】

となるだろう。

　このように隊員等が活動する上での情報処理過程は、大きく分けて3つの段階：入力段階
（出火建物を見る。）、媒介段階（進入することを判断する。）、出力段階（進入）に分類され、
どの段階でエラーが発生したかによって各段階に対応して次（表4）のとおり分類される。

表4　芳賀（2000）の行動及びエラー分類

エラー分類	ミスの区分	内　　　容　　　（例）
入力エラー	認知・確認ミス	例1：出火建物内部の火煙に気づかなかった。 例2：臭気は感じられたが、白煙を外部から確認できなかった。
媒介エラー	判断・決定ミス	例1：出火建物内部の火煙に気づいていたが、大丈夫だろうと判断した。 例2：出火建物内部に白煙が充満していたが、熱気がなかったので放水態勢を整えなくても進入できると判断した。
出力エラー	操作・動作ミス	例1：出火建物内部に進入する際に、慌ててしまったため、ホースにつまずいて転んでしまった。 例2：出火建物内部に進入する際、面体を着装しなかったため、煙を吸ってしまった。

　このように、ミスが活動のどこの段階で発生したかを知ることができれば、ヒューマンエ
ラーの対策に反映できるものとされている。

　受傷事故を詳細に分析することで、どこの段階でのエラーが受傷に関与していたかを明確
にし、今後の同種事故の再発防止としての対策を講じることが重要である。

4　ヒューマンファクター

　ヒューマンファクターの定義は、提唱者により様々であるが、要は人間側の要因ということ
になる。定義の一つとして、「人間が発揮する能力が、周囲の状況によって大きな影響を受け
ることを考え、そのことを人間の活動に有効に反映させる手段」（ヒューマンファクターの基
礎（公益社団法人日本航空技術協会発行））とされている。つまりヒューマンファクターとは
単に「人的要因」ということではなく、前述してあるとおり、人間の能力を考慮して、効果的
にその能力を発揮させるための手段を示しているのである。

⑴　SHEL モデル

　ヒューマンファクターを概念的に図で示したもの（周囲の状況と人間側の関係を示した図）
として SHEL モデルがある。消防隊員など中心となる人間（L：Liveware）の活動は、取
り巻くソフトウェア（S：Software）、ハードウェア（H：Hardware）、環境（E：Environ-
ment）、そしてその他の隊員（人間）（L：Liveware）との関係により影響を受けるといわ
れている。さらに消防隊員と周囲の関係は、状況により変化するため、一定ではないといわ
れている。

　SHEL モデルとは、上記の頭文字をとったもので、図3のとおりである。

各要素の接合部が直線的でないのは、それぞれの関係が一元的ではなく、それぞれが状況により複雑に関係していることを表したものであるため

図3

それぞれの要因を示すS、H、E、Lを具体的に記すと

① 　ソフトウェア（S）：法令、消防活動基準、安全基準など

② 　ハードウェア（H）：個人装備、安全器具、資器材など

③ 　環境（E）：活動現場、訓練場所等の環境、気象、精神的ストレスなど

④ 　人間（隊員）：当事者（中心のL）、当事者以外の上司、部下、同僚など（周囲のL）

※ 　SHEL モデルに管理、組織的な影響の大きさを考慮して、M：Management を現してM−SHEL モデルとして用いられている。

この SHEL モデルは、事故原因分析手法として航空業界等で活用されている。

(2) 　SHEL モデルとエラーの関係

SHEL モデルから考えても、活動隊員が周囲の影響を受けないで安全な活動ができれば受傷事故は発生が抑えられるのであるが、本人の精神的、身体的な状態、職場内の人間関係や災害現場自体が危険要因の温床である活動環境などから多少なりとも影響を受け、エラーが生じやすくなるはずである。

それぞれの要因ごとに例を挙げれば表5のとおりである。

表5

当事者との関係	内　　　　　容　　　【例】
当事者自身	個人能力−活動技術・知識、活動経験不足など 身体状況−加齢に伴う身体機能低下、疲労など 心理状況−ストレス、悩み事など
ソフトウェア（S）	組織等−活動方針の不明確、安全管理体制等の不備など 基準等−消防活動基準、安全基準等の不備など
ハードウェア（H）	資器材等−配備状況、取り扱い説明等の不備など

環境（E）	自然環境−天候、気温、湿度など 物理環境−騒音、高所、閉所作業など 災害現場においては自然環境、物理環境とも危険要因である。
周囲の人間（L）	**コミュニケーション**−コミュニケーション不足など **チームワーク**−小隊、中隊間の隊員の連携不足など **リーダーシップ**−訓練計画の不適切、下命事項の不備、安全監視の不備 　　　　　　　など **人間関係**−隊長と隊員、指揮本部長と各隊長、隊員間の信頼関係の欠如 　　　　　など ※　言葉の意味合いがかなり近寄っている。

※　エラーと SHEL モデルとの相関関係から事故原因分析に用いることができる。

5　不安全行動

　これまで、ヒューマンエラーについて記述してきたが、安全管理上使い分けなければならない「不安全行動」について記述する。

　火災現場における隊長の下命に従わない単独行動、誘導なしに車両をバックさせる行為、濃煙内での面体未着装などは、明らかにルール違反である。

　こうしたルール違反をする理由として、「ちょっとぐらい大丈夫」、「みんなしてるから」、「逃げ遅れを早く救助するため仕方ない」、「危険は少ない」などが挙げられるのではないだろうか。違反する者は大した問題ではないと思っているはずである。

　このように問題の軽重にかかわらず安全に対する規則（ルール）違反と知りながら犯す行為を「不安全行動」という。

　また、ルール違反ではないが、「行為が危険な状態に陥るかもしれないと知りつつ行う」ことも含まれる。

　つまり、明記されたルールに対する違反でない場合でも、本人や相手の安全を阻害するような行為に「意図」があれば、不安全行動となる。

　「ヒューマンエラー」と「不安全行動」の違いは、行為者の「意図」のあるなしにより区別されるのである。

　ルール違反が起こる要因を例にとると

①　ルールに同意できない、あるいは意味がないと感じる

②　ルールを守るとデメリット（不快、遅くなる、手間がかかるなど）が大きい

③　皆が平然と違反をしている

④　違反をしても捕まったり罰せられたりしない

⑤　何度も同じ違反を繰り返し習慣化されている等のようなケースでは、ルールを破るといった行為への抵抗が小さくなる

⑥　危険がない、あるいは小さいと感じるときや、危険を冒して目標を達成したときのメリット（効率、利益、早くできるなど）が大きい場合、危険を避けるデメリットが大きい場合（人命を救助できない等）は不安全行動への動機、欲求が高くなる。

第2節 消防行政における安全管理

第1　消防活動と安全管理

1　災害現場における安全管理

　我々消防という組織は、災害現場において指揮者の命令のもとで部隊が一糸乱れず活動することにより、災害から人命を救い、被害を軽減するという組織目標の達成を目指して日夜勤務している。

　また、普段の行政事務においては住民に対する質の高い行政サービスの提供という公務員の職務遂行のために、法令に基づき上司の指示命令に従って迅速、適切に執行処理することが求められている。

　こうした中で安全管理は消防においてはそれ自体が目的ではなく、組織目標を達成するための前提であり、任務遂行を担保するための積極的行動対策として認識されている。

　基本的な考え方として安全の確保は隊員個人の自己責任であるとともに、上位の指揮者にとっては自らの指揮下にある隊員の安全の確保について責任を負うこととされている。

　こうした考え方、体制は災害現場での活動を最大の使命とし、階級制度により指揮命令系統の明確化を図る消防の組織風土に起因し、また、多くの先輩達の努力によって醸成、発展してきたものである。

　消防隊員が消防活動に従事するのは言うまでもなく災害現場であり、災害現場にはあらゆる危険が存在する。むしろ、危険が存在するがゆえに災害が発生し、消防隊員が活動しなければならない災害現場へと変化していくといえる。

　こうした災害現場に安全という状態はほとんど存在し得ず、消防隊員は危険の様々な要素に周囲を取り囲まれた中で活動し、危険な状態を安全な状態へと導き、変化させることで災害を防除し、自己の安全を確保することができるのである。

2　安全と危険の管理

　災害現場に安全な状態が存在し得ないということは、消防隊員は当然、危険な状態の中で活動することになる。災害現場では「安全を管理すること」よりも「危険を管理すること」が重要なのである。これは隊長等の指揮者でも隊員個人にも共通していえることである。

　最近、頻繁に耳にする「危機管理」という単語がある。この「危機管理」という単語の生みの親で初代内閣安全保障室長を務めた佐々淳行氏は、その著書の中で「危機管理」とは「組織

の危機的状況を管理すること」と定義し、英訳を「Crisis Management」又は「Crisis Control」としており、危機的な状況を管理して克服することで、安全、平穏な状況を管理するものとはしていない。この考え方に基づけば、安全な状態は何ら干渉しなくとも安全であり、管理する必要性は認められず、災害現場にはこのような状態は有り得ない。反対に災害現場において危険な状態を管理することが消防隊員の生命、身体を守ること、すなわち安全につながるのである。

　労働安全衛生法の規定の中では、安全に対する反対の概念が危険であることを明確に示しており、危険の結果としての事象が災害、事故、ケガであって、安全の反対が災害ではないとしている。

　現在、我々が目指している「安全管理」とは、本来は様々な危険要因を排除するなど、危険という状態について常に鋭敏に反応し、自己及び周囲の安全を確保するために危険な状態をポジティブに管理することを意味するものであり、安全を維持、継続していくことに満足するネガティブな対応では、隊員個人を危険に遭わせることに止まらず、消防の組織目標達成を困難にするものである。

3　他組織の安全管理

　消防以外、特に非階級組織における安全管理に対する考え方は、近年の社会、企業構造等の変化に伴い、消防のものとは趣の異なるものが多数を占めてきている。こうした状況の原因としては、それらの組織内で通常の業務処理と同様に個人尊重の組織風土が、安全の確保は自己責任という考え方についても確立し、安全管理責任という点で経営者等幹部と従業員の間の距離が短くなり明確な線引きが難しく、上下関係が希薄になってきていることが挙げられる。

　組織の性格、風土や運営方針が異なれば安全管理に取り組む姿勢も異なることは当然ではあるが、それぞれの組織が自らに最も適性の認められる安全管理体制の構築に努める必要は、その社会的責任からも求められるものである。

第2　受傷事故発生に伴う責任と判例

　（受傷事故発生に伴う責任）
　○民事上の責任
　・安全配慮義務に基づく地方公共団体の責任…民法第415条
　・公権力の行使に伴う地方公共団体の不法行為責任…国家賠償法第1条第1項
　・公の営造物の設置又は管理の瑕疵に伴う地方公共団体の責任…国家賠償法第2条第1項
　○刑事上の責任
　・業務上必要な注意を怠った職員の責任…刑法第211条
　○公務員法上の責任
　・職務上の義務違反等を行った職員の責任…地方公務員法第29条第1項

1　受傷事故発生に伴う責任

　消防活動に伴い職員が受傷した場合には、民事上の責任、刑事上の責任、公務員法上の責任が発生するおそれがある。

(1)　民事上の責任

　ア　安全配慮義務に基づく地方公共団体の責任（民法第415条）

　　　判例によれば、ある法律関係に基づいて特別な社会的接触の関係（雇用契約、労働契約など）に入った当事者の間では、その法律関係の付随義務として、一方が他方にその生命及び健康等を危険から保護するように配慮すべき義務（安全配慮義務）を信義則上負っているものと解されている。

　　　これを、地方公共団体と地方公務員の関係でいえば、地方公共団体は、所属の地方公務員に対し、地方公共団体が公務遂行のために設置すべき場所、施設若しくは器具等の設置管理、又は、地方公務員が上司の指示のもとに遂行する公務の管理に当たって、当該公務員の生命及び健康等を危険から保護するよう配意すべき安全配慮義務を負っているということになる。

　　　消防活動に伴う職員の受傷が、消防機械器具の管理の不備又は不適正な業務管理によるものである場合には、東京都は、当該受傷職員に対して安全配慮義務を果たさなかったという債務不履行による損害賠償義務を負うことがある。

民法

（債務不履行による損害賠償）

第415条　債務者がその債務の本旨に従った履行をしないとき又は債務の履行が不能であるときは、債権者は、これによって生じた損害の賠償を請求することができる。ただし、その債務の不履行が契約その他の債務の発生原因及び取引上の社会通念に照らして債務者の責めに帰することができない事由によるものであるときは、この限りでない。

2　前項の規定により損害賠償の請求をすることができる場合において、債権者は、次に掲げるときは、債務の履行に代わる損害賠償の請求をすることができる。

　⑴　債務の履行が不能であるとき。

　⑵　債務者がその債務の履行を拒絶する意思を明確に表示したとき。

　⑶　債務が契約によって生じたものである場合において、その契約が解除され、又は債務の不履行による契約の解除権が発生したとき。

　イ　公権力の行使に伴う地方公共団体の不法行為責任（国家賠償法第1条）

　　　国家賠償法第1条第1項は、国又は地方公共団体の公権力の行使に当たる公務員が、その職務を行うについて、故意又は過失によって違法に他人に損害を加えたときは、国又は公共団体は、この損害を賠償する責任を負うと規定している。

　　　消防活動に伴う職員の受傷が、他の職員の過失によるものである場合は、東京都は、当該受傷職員に対して、損害賠償義務を負うことがある。

国家賠償法

> 第1条　国又は公共団体の公権力の行使に当る公務員が、その職務を行うについて、故意又は
> 　過失によつて違法に他人に損害を加えたときは、国又は公共団体が、これを賠償する責に任
> 　ずる。
> 2　前項の場合において、公務員に故意又は重大な過失があつたときは、国又は公共団体は、
> 　その公務員に対して求償権を有する。

ウ　公の営造物の設置又は管理の瑕疵に伴う地方公共団体の責任（国家賠償法第2条）

　　国家賠償法第2条第1項は、道路、河川その他の公の営造物の設置又は管理に瑕疵があっ
たために他人に損害を生じたときは、国又は公共団体は、この損害を賠償する責任を負う
と規定している。

　　判例は警察署の公用車や拳銃なども公の営造物に当たるとしていることから、消防活動
に伴う職員の受傷が、消防用機械器具の欠陥から生じた場合には、東京都は、当該受傷職
員に対して、損害賠償義務を負うことがある。

> 国家賠償法
> 第2条　道路、河川その他の公の営造物の設置又は管理に瑕疵があつたために他人に損害を生
> 　じたときは、国又は公共団体は、これを賠償する責に任ずる。
> 2　前項の場合において、他に損害の原因について責に任ずべき者があるときは、国又は公共
> 　団体は、これに対して求償権を有する。

(2)　刑事上の責任

　　業務（反復継続して行い、人の生命・身体に対する危険を含むもの）の実施に当たって、
業務上必要な注意（法令上又は経験則上当然に要求される注意）を怠って人を死傷させた者
は、5年以下の懲役若しくは禁錮又は100万円以下の罰金に処すると規定されている。（刑法
第211条）

　　消防活動に伴う職員の受傷が、当該消防活動を管理監督すべき職員が必要な注意義務を怠っ
たことによる場合には、刑事責任が科されることがある。

> 刑法
> （業務上過失致死傷等）
> 第211条　業務上必要な注意を怠り、よって人を死傷させた者は、5年以下の懲役若しくは禁
> 　錮又は100万円以下の罰金に処する。重大な過失により人を死傷させた者も、同様とする。

(3)　公務員法上の責任

　　公務員が地方公務員法の規定に違反したり、職務上の義務に違反した場合には、任命権者
は、当該地方公務員に対して、懲戒処分として、戒告、減給、停職又は免職の処分をするこ
とができると規定されている。（地方公務員法第6条、第29条）

　　消防活動に伴う職員の受傷に関連して、懲戒処分に該当するような服務義務違反（例えば
安全管理に関する内規違反）があった場合は、消防総監は服務義務違反のあった職員に対し

て、懲戒処分を行うことがある。

地方公務員法

（懲戒）

第29条　職員が次の各号のいずれかに該当する場合には、当該職員に対し、懲戒処分として戒告、減給、停職又は免職の処分をすることができる。

　(1)　この法律若しくは第57条に規定する特例を定めた法律又はこれらに基づく条例、地方公共団体の規則若しくは地方公共団体の機関の定める規程に違反した場合

　(2)　職務上の義務に違反し、又は職務を怠つた場合

　(3)　全体の奉仕者たるにふさわしくない非行のあつた場合

（任命権者）

第6条　地方公共団体の長、議会の議長…市町村の消防長（特別区が連合して維持する消防の消防長を含む。）その他法令又は条例に基づく任命権者は、法律に特別の定めがある場合を除くほか、この法律並びにこれに基づく条例、地方公共団体の規則及び地方公共団体の機関の定める規程に従い、それぞれ職員の任命、人事評価（任用、給与、分限その他の人事管理の基礎とするために、職員がその職務を遂行するに当たり発揮した能力及び挙げた業績を把握した上で行われる勤務成績の評価をいう。以下同じ。）、休職、免職及び懲戒等を行う権限を有するものとする。

2　受傷事故発生に伴う責任に関する判例

(1)　民事上の責任に関する判例

　ア　民法第415条に関する判例

　　　安全配慮義務については、もともと労働者と使用者との間の雇用契約における使用者の付随義務として考えられてきたが、雇用関係だけではなく国と国家公務員その他の特別な社会的接触の関係に入った当事者の間に一般的に認められ、この安全配慮義務の不履行が損害賠償の根拠となることが確立された（判決①）。

　　　なお、安全配慮義務が認められる当事者の間であっても、損害賠償の責任はすべて安全配慮義務者が負うものではなく、損害を受けた者が自らの過失によって招いた損害については安全配慮義務者は免責されることがある（判決②）。

　　　また、訓練中の消防職員の死亡事故に関して安全配慮義務違反が問われ、賠償責任が認められたものもある（判決③）。この判決では、地方公共団体と地方公務員との間に安全配慮義務が認められること、安全配慮義務は火災の現場においてよりも、通常の火災予防業務や一般訓練において強く求められることが判示されている。

（判決①）

ある法律関係に基づいて特別な社会接触関係に入った当事者間においては、一方が他方にその生命および健康等を危険から保護するよう配意すべき責務（安全配慮義務）を信義則上負っているものと解すべきである。（最判昭50.2.25）

（判決②）

運転者において道路交通法その他の法令に基づいて当然に負うべきものとされる通常の注意義務は、安全配慮義務の内容に含まれない。（最判昭58.5.27）

（判決③）

- 地方公共団体は所属の地方公務員に対し、地方公共団体が公務遂行のために設置すべき場所、施設もしくは器具等の設置管理又は公務員が上司の指示のもとに遂行する公務の管理にあたって、公務員の生命及び健康等を危険から保護するよう配慮すべき義務を負っているものである。

- 安全配慮義務の具体的内容は、公務員の職種、地位及び安全配慮義務が問題となる具体的状況によって異なるべきものである。とくに消防職員などのように業務の性質上危難に立ち向かいこれに身を曝さなければならない義務のある職員は、業務上現実の履行が求められる火災現場の消火活動、人命救助など現在の危難に直面した場合において使用者である地方公共団体に自己の身を守るべき安全配慮義務を強く求めることはできない。

- しかし、通常の火災予防業務、一般訓練、消防演習時などのように前示危難の現場から遠ざかれば遠ざかるほど安全配慮義務が強く要請されるのであって、要するに危難との距離と安全配慮義務の濃淡とが相関関係にあると考える。

- 危難に立ち向かう職員が危難現場において臨機の行動をとりその職務を全うできるようその使用者は、十分な安全配慮をなした訓練を常日頃実施すべき義務がある。（宮崎地判昭57.3.30）

イ　国家賠償法に関する判例

　　消防活動に伴い職員が受傷した場合の損害賠償請求は、民法第415条（安全配慮義務に基づく損害賠償責任）を根拠としても、国家賠償法を根拠としても、どちらによっても提訴できるものとされている。

　　しかし、安全配慮義務違反は使用者に当然付随する義務として捉えられていること、また、債務不履行に基づく損害賠償請求権の消滅時効が権利を行使することができる時から20年（権利を行使することができることを知った時から5年）であるのに対し、不法行為に基づく損害賠償請求権のそれは損害及び加害者を知った時から5年（不法行為の時から20年）であるなどの理由から、安全配慮義務違反で提訴されることが多い。

　　国家賠償法に基づく損害賠償の訴えは、任命関係にある職員よりも一般の国民に損害を与えた場合に提訴されている例が多く、昭和47年7月5日に発生した大規模な山崩れによって救助作業に従事中の消防団員ら60名が死亡した事故に関して、消防団副団長らの不法行為責任が問われた事件（判決①）以外は、職員の受傷に関連するものはなく、他の判決は国家賠償法の一般的な解釈にかかわる判決を示したものである。

○　国家賠償法第1条第1項に関する判例

（判決①）

消防団副団長は、当時の集中豪雨の状況から、十分な警戒監視体制をとり周到な避難措置を講

じておくべき職務上の義務があったのにこれを怠ったため、事前に崩壊の危険を察知し対処することができず、その結果本件災害が発生した。（一審・高知地判昭57.10.28、責任あり）消防団副団長には当時の状況の下では大規模な地すべりの発生を予見することは困難であり、警戒監視体制をとり避難措置を講じておくべき義務はない。（控訴審・高松高判昭63.1.22、責任無し）

（判決②）
本条における「公権力の行使」という要件には、国または公共団体がその権限に基づく統治作用としての優越的意思の発動として行う権力的作用のみならず、国または公共団体の非権力的作用もまた、包含されるものと解するのが相当である。（東京高判昭52.4.27）

（判決③）
「職務を行うについて」とは、純然たる職務執行行為のみならず職務執行に社会常識上通例関連する行為を行う場合も含むと解する。（広島地呉地支判昭34.8.17）

（判決④）
国家賠償請求をするについては、加害者たる個々の公務員を特定することを要しない。（東京高裁43.10.21）

（判決⑤）
本条1項にいういわゆる違法とは、厳密な法規違反のみを指すのではなく、当該行為（不作為を含む）が法律、慣習、条理ないし健全な社会通念等に照らし客観的に正当性を欠くことを包含する。（東京地判昭51.5.31）

（判決⑥）
本条の場合、国または公共団体が被害者に対して賠償の責めに任ずるのであって、公務員個人はその責任を負わない。（最判昭30.4.19）

○　国家賠償法第2条第1項に関する判例

（判決①）
本条の公の営造物とは、広く公の目的に供せられる物的施設を指称し、建物ないし土地の定着物に限らず、また、一時借入れにかかるものであっても差し支えない。（東京高判昭29.9.15）

（判決②）
「公の営造物」にあたるものとして、自衛隊の砲弾（東京地判昭56.3.26）、警察署の公用車

> （札幌高函館支判昭29.9.6）、拳銃（大阪高判昭62.11.27）、刑務所内の工場の自動旋盤機（大阪高判昭63.4.27）

> （判決③）
> 営造物の設置または管理の瑕疵とは、営造物が通常有すべき安全性を欠いていることをいい、これに基づく国及び公共団体の賠償責任については、その過失の存在を必要としない。（最判昭45.8.20）

> （判決④）
> 通常の用法に即しない行動の結果生じた損害については、設置管理者は責任を負わない。（最判昭58.7.4）

(2)　刑事上の責任に関する判例

　ア　刑法第211条に関する判例

　　　消防業務に関する判例は前述の(1)ア③の事件において、死亡した職員の上司である消防署長が業務上過失致死罪により罰金10万円の略式命令により処せられている。（判決①）

　　　なお、他の判決は、業務上過失致死傷罪に関する一般的な解釈にかかわる判決を示したものである。

> （判決①）
> 消防署長は、署の事務を統括し、所属の消防署員を指揮監督する業務に従事しており、特別救助隊員に対して反復してロープブリッジの訓練を行わせていたが、本件のような高所の訓練では死傷事故発生の虞れがあったのであるから、安全用の網を張る等して訓練中の特別救助隊員が誤って転落しても負傷等をしない措置をとり、またかかる措置がとれない以上訓練は厳に差し控えるべき業務上の注意義務がある。消防署長は上記注意義務を怠り、特別救助隊員の転落はないものと軽信し、何ら安全用の網を張る等の措置をとらないまま漫然とロープブリッジの訓練をさせた過失がある。（宮崎簡裁昭53.1.6）

> （判決②）
> 本条にいわゆる業務とは、本来人が社会生活上の地位に基づき反復・継続して行う行為であって、他人の生命・身体等に危害を加えるおそれのあるものをいう。（最判昭33.4.18）

> （判決③）
> 本条の業務には、人の生命・身体の危険を防止することを義務内容とする業務も含まれる。（最判昭60.10.21）

第 *2* 章

受傷事故の科学的 分析と安全対策

第1節　消防の安全を考える上での新たな分類

第1章で安全管理の一般理論を述べた。そこでは、リスクは確率的に扱われること及び安全管理とは組織管理であることを述べた。また、3E（P8参照）、4M（P8参照）に見られるような科学的管理には、組織の操作可能性が含意されている。自明なことではあるが、組織のすべてがこれによって操作可能になるわけではないということを認識しておく必要がある。ここでは、組織と知識の観点から消防の特異性を考え、職階に関係なく、それぞれの立場で「安全」について考えるための新たな分類（カテゴリー）を導くこととする。この分類に基づいて、次節から説明を行っていくこととする。

1　消防組織

　消防組織の特徴は、「合理性」が追求される古典的管理論に属する機械的な組織になっていることである。近代管理論では、人間は「限定された合理性」しか持ち合わせないという前提に立っているが、古典的管理論が悪いということはない（消防ハンドブックⅡ：組織管理参照）。このような特徴をもつ組織には、ほかに軍隊、警察などがある。また、民間経営組織でも、マニュアル化の進んだファーストフード企業などは機械的組織といわれている。

　近年、行政という観点からは、住民の立場に立ったコストとベネフィットが要求されるようになっている。住民の時代感覚や経済的感覚には自然科学のような確実性はない。

　したがって、現代の経営組織では、時代の変化に対応した迅速な意思決定と行動を行うために、フラット化した組織が多く見られるようになった。当然、消防組織も行政サービスの向上のために、スリムな意思決定と行動を行う組織を構築する必要に迫られている。

　このように異なった二つの要求に応えることを両立させることが、現代の消防組織には求められている。機械的組織の利点は、しっかりとした訓練に基づくルーチンにある。現場の安全管理は基本的にはこの組織で行われなければならない。消防の高度に訓練された機械的組織の側面は、民間経営組織では真似し難いことを認識し、この特徴を活用することが必要である。しかし、社会状況の著しい変化に対応するためには、機械的な組織は必ずしも有利とはいえず、迅速な意思決定と行動を行うことができるフラットな組織を同時に構築することが必要となる。したがって、この二つの組織の特性の違いを認識し、使い分ける能力が求められている。

2　知識の管理

　組織は、それ自身で存在しているのではなく、組織を構成するすべての職員によって成り立っ

ている。組織学習という観点から組織を見たとき、組織そのものが学習することはなく、学習するのは個人であり、組織と個人の関係を切り離すことはできない。

　第1章第1節第3で「SRKモデル（スキル、ルール、ナレッジ）」を使って、消防活動においてはナレッジ（知識）ではなく、ルール（規則）を覚え、十分に訓練して体が自然に動くという状態であるスキル（技能）に高めなければならないことを述べた。特に、このことは消防の機械的組織の観点からは非常に重要である。ここでは逆に、知識はどういう時に使われるのかを同じ「SRKモデル」で考えてみる（以下『ナレッジ』は『知識』という。）。

　スキル（技能）レベルでは、馴染みの環境で何も考えなくても済むようにルーチン化された行動が取れることを前提にしている。しかし、災害現場は千差万別である。したがって、判断を必要とする場面が多いのも事実である。ルーチンでうまくいかないとき、問題解決のために次に考えるのは、判断基準としてのルール（規則）である。それでもうまくいかないとき、自分自身の持っているこれまでの経験を含む知識にその判断基準を求める。そして、知識レベルで行った判断は、ルールに照らし合わせ、ルーチンの中で実際に行動すべきことを選択する。もちろん、エラーはどの段階においても発生し、計画段階において発生するものを認知心理学では「ミステイク」という。

　実際の判断に使われる知識には、人生観を含む倫理的な知識も含まれ、それを組織として直接的に管理するのは難しい。したがって、ここでは科学的な知識に限定することとする。例えば、火災のフェーズ理論に見られるように、火災の状況は時間とともに変化していく。正確な予測はできないまでも、ある程度の災害の経緯と危険度の予測はできなければならない。また、そもそも緊急事態の災害現場であるため、情報の不完全性がさらに加わる。このような情報の不完全性を補完するためにも、災害そのものに対する知識の蓄積が、安全管理上も組織的にも必要になることは明らかである。しかし、消防職員が持てる知識には限界があり、すべての災害に対する正確な知識を持つことは事実上、不可能である。これを補完するために、更に特殊な環境については、専門家の知識を利用することが必要となる。

　災害に対する知識や経験こそが、消防の戦術や装備資器材の原点であり、現場の経験を検証し、分析していくことがこれからも求められ、その蓄積の上に、これからの消防の将来がかかっている。戦術や装備資器材、更には隊員個人が独立して存在しているのではないことをよく認識し、それらを有機的に結合することは、安全管理上必要なだけではなく、戦術や装備資器材、そして隊員個々の能力向上のために必要なことはいうまでもない。

　なお、現在求められている消防組織の別の側面、すなわち行政対応のための迅速な意思決定と行動が求められる組織では、知識はさらに重要な意味をもつ。

3　消防の安全管理を考える上でのカテゴリー化

　次節の「消防活動における事故の発生要因」を説明するにあたり、管理者として、あるいは隊員として、安全管理を考える上での新たな分類を試みる。人間の起こすエラーに関する分類方法も様々あり、心理学的な研究を基に安全に対するアプローチが多くなされてきた。これまで、物的なものに起因する「不安定状態」と、人的要素に起因する「不安全行動」に分類する

ことが多く行われてきた。これらの安全管理に関する分類は、どれも安定した環境下における
ものであった。しかし、消防活動の多くは、発生した事故・災害の状態の中にあり、安定した
環境状態にはない。この消防特有の環境要因は、装備資器材などに起因する物的な不安全状態
とは区分して考えることが消防としては現実的である。学問的には同一的に見られるかもしれ
ないが、消防組織として考える場合、災害に対する戦術や装備資器材が発達してきた歴史的経
緯、因果を考えて環境要因を区分することが必要である。そして、知識の管理の観点からは、
特に消防の活動環境に対する科学的分析が重要である。

　そこで、表 6 に示すように、安全管理上の消防の特異性である「不安全環境」、安全管理の
従来の理論から導かれる「不安全状態」、「不安全行動」に分類した。次節からこれに沿って、
詳細に述べていくこととする。

表6　事故発生要因の分類例

不安全環境	不安全状態	不安全行動
1　特異な燃焼現象 ①フラッシュオーバー②バックドラフト③ボイルオーバー④スロップオーバー⑤ファイアボール⑥その他	1　消防資器材の欠陥 ①設計不良②材質の欠陥③老朽疲労④使用限界⑤整備不良⑥故障の放置⑦その他	1　資器材の使用方法及び維持管理の不適 ①安全装置を外す②安全装置を無効にする③機器・工具の不適切な使用④点検要領の不適⑤その他
2　火災現場における危険要因 ①落下物による危険②倒壊危険③転落危険④転倒危険⑤爆発・感電危険⑥その他	2　安全防護措置の不適 ①防護不適②絶縁不適③遮断不適④表示不適⑤その他	2　危険状態（不安全状態）の発生及び放置 ①不確実な確保②資器材の持ち過ぎ③資器材を不安定な場所に放置④確保方法の不適⑤機器の操作場所を無断で離れる
3　火災以外の災害現場における危険要因 ①危険物災害②毒劇物災害等③ガス災害④その他	3　活動場所・資器材の置き方不適 ①作業空間の不足②作業位置の不適③装備資器材の配置不適④作業環境の整備不適⑤その他	3　災害現場における危険の認識不足 ①動いている機器に接近する又は触れる②不用意に危険な場所に入る③不安定な物に触れる④不安定な場所に身を置く⑤その他
4　災害現場の自然環境的要因 ①強風に起因するもの②豪雨に起因するもの③積雪・凍結に起因するもの④崩落危険⑤高温多湿に起因するもの⑥その他	4　保護具、服装などの不適 ①使用する保護具を明示しない②活動時の服装を明示しない③携行品を明示しない④その他	4　保護具、服装の使用不適 ①保護具を使用しない②使用方法・手順の誤り③不完全な服装④服装の乱れ⑤その他
5　その他	5　災害活動方法の不適 ①使用機器の選択不適②不適正な機器の使用③作業手順の誤り④技術・体力の過信⑤心身状況の不確認⑥その他	5　運転操作の誤り ①スピードの出し過ぎ②脇見運転③その他
	6　その他	6　安全確認の不履行 ①合図、確認なしに車を動かす②合図なしに物を動かす又は放す③飛び降り、飛び乗り④器具の代わりに手などを用いる⑤その他
		7　その他

第2節　消防活動における事故の発生要因

第1　不安全環境に起因するもの

1　災害環境と事故原因

表 7　不安全環境における危険要因分類例

不　安　全　環　境	
1　特異な燃焼現象とその危険要因	①フラッシュオーバー　②バックドラフト ③ボイルオーバー　④スロップオーバー ⑤ファイアボール　⑥その他
2　火災現場における危険要因	①落下物による危険　②倒壊危険 ③転落危険　④転倒危険 ⑤爆発・感電危険　⑥その他
3　火災以外の災害現場における危険要因	①危険物災害　②毒劇物災害等 ③ガス災害　④その他
4　災害現場の自然環境的要因	①強風に起因するもの　②豪雨に起因するもの ③積雪・凍結に起因するもの　④崩落危険 ⑤高温多湿に起因するもの　⑥その他
5　その他	

　一般労働者と消防隊員の活動環境の大きな違いは、消防隊員にとって活動のベースとなる現場は、災害の発生によって環境が大きく変化し、最初から様々な危険性をはらんだ状況下にあることといえる。

　災害現場における消防隊員は、最初から受傷リスクの高い環境の中で活動することとなることから、様々な危険要因が内在するこの環境をこのテキストでは特に「不安全環境」と定義する。

　以下、表 7 に整理した不安全環境のそれぞれの要因について考察する。

(1)　特異な燃焼現象とその危険要因

　ア　フラッシュオーバー

　　一般に火災は、図 4 に示すように、室内の一部で出火し、緩慢な温度上昇を伴う初期の段階から部屋全体が火炎に包まれる段階へと移行する。このような段階への移行は極めて急激であることが多い。この急激に拡大する時点をフラッシュオーバーと呼ぶ。

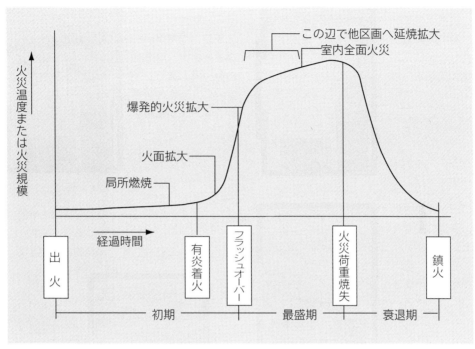

図4　火災の進行とフラッシュオーバー

　ウォーターマン（Waterman.T.E.）は、区画内で家具を燃焼させた一連の火災実験に基づき、フラッシュオーバーが発生するためには床面へ20kW／㎡の輻射熱が必要であると結論づけた。この値は、ほとんどの可燃物を着火させ得る入射熱である。この輻射熱源としては、

(a)　天井に衝突し、天井に沿って広がった火炎

(b)　天井下に蓄積された燃焼生成物の高温層（煙層）

(c)　熱せられた天井面

等の可能性があるが、(b)の高温層が最も重要であると考えられている。

（火災と消火の理論と応用（日本火災学会））

　フラッシュオーバーにより爆発的に火災が拡大することから、消防隊員が燃焼区画内や開口部付近にいた場合には、急激な火炎の拡大により一瞬に火炎に包み込まれたり、開口部から噴出する熱気流に曝される危険性がある。

イ　バックドラフト

　閉鎖された火災室内において、酸欠による不完全燃焼から、可燃性の熱分解ガスが過剰に蓄積している状況下で、開口部を開放したことにより空気が取り入れられて起こる急激な爆発的燃焼をバックドラフトと呼ぶ。

　バックドラフトの発生機構は、以下のとおりである。

①気密性のよい部屋で火災が発生すると、室内の酸素を消費しながら火災は燃え広がる。

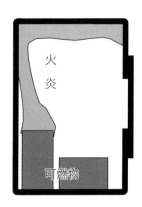

②火災の成長に伴い、室内の酸素が欠乏して薫焼、赤熱燃焼になる一方で、可燃物の熱分解も進行して室内に高濃度の可燃性分解ガスが蓄積する。

③開口部が開放されると、多量の酸素を含んだ新鮮な空気が室内に流入し、室内に燃焼範囲の可燃性ガスが形成される。

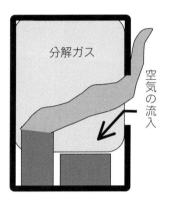

④赤熱状態にあった残り火にも新鮮な空気が供給され、再燃すると、室内の混合ガスに着火して、爆発的に燃焼する。

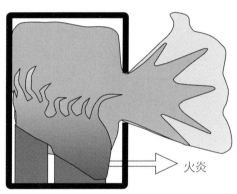

図5　バックドラフトの発生機構

　　フラッシュオーバーは火災の初期から最盛期に至る過渡的段階で発生するが、バックドラフトは火災進行の一定段階で必然的に発生する現象ではない。

　　バックドラフトの発生により膨張した熱気流は、開口部から一気に噴出するため、開口部付近にいた場合には、爆発的に噴出する熱気流に曝される危険性がある。

　ウ　ボイルオーバー

　　原油、重油等を貯蔵するタンクの屋根等の破損により発生する液面が燃焼する火災において、タンク内の液体の高温層が厚くなるとともに降下し、タンク底部にたまった水あるいは水を含んだ液層に触れることで水が沸騰してタンク内の液体が一気にタンク外に噴出する現象。

　　原油、重油等がタンク外に噴出、飛散し、強烈な輻射熱を発するとともに火面が広範囲に拡大して、各種影響を及ぼす。

　エ　スロップオーバー

　　上記同様の火災において、高温となった液体の表面に消火のための泡又は冷却のための放水が入ることにより水が沸騰、蒸発して当該液体がタンク外に溢流する現象。

　　ボイルオーバーに比較して噴出規模は小さいが、同様な危険性を有している。

　　オ　ファイアボール

　　　可燃性液体を貯蔵するタンクの火災において、可燃性の蒸気が噴出して蒸気の塊を形成し、これに着火して爆発的な燃焼を起こし、直径の大きな火の玉ができる現象。可燃性液体がミスト状になったものや可燃性気体の噴出によっても発生している。

　　　爆発的燃焼に伴う輻射熱及び風圧による危険性を有している。

(2)　火災現場における危険要因

　　火災現場には、火災の進展及び消防活動に伴い様々な危険要因が存在しているが、ここではそのうち特徴的なものについて整理する。

　ア　落下物危険

　　・建物間の狭い場所や軒下、窓際等は、窓ガラス、瓦、エアコン室外機、看板等が落下する危険がある。

　　・モルタル壁は、火災の進展に伴い、内側の木ずりが焼損し、自重に耐えられず、落下する危険がある。また、化粧モルタル、タイル仕上げ等の外壁も、火災熱の加熱によって剥離落下危険がある。

　　・火災の最盛期になると、コンクリート壁及びスラブ（床版）は爆裂落下危険がある。

　　・小屋裏への放水により、水の重みに耐えられなくなり、天井が一度に落下する危険がある。

　　・劇場、映画スタジオ、体育館等の天井には、照明装置、幕類、装飾品等の吊り物が多く、火災の進展により落下する危険がある。

　　・寺社等の大規模木造建築物は、火災中期以降に屋根瓦等が回廊部分に落下する危険がある。

　　・キャバレー、ナイトクラブ、ディスコ等の天井には、シャンデリア、特殊ライトなど重量のある照明装置が多く、火災の進展により落下する危険がある。

　　・消防隊員が高所作業時に使用した資器材の落下や破壊した窓ガラス、屋根瓦などの落下危険がある。

　　・店舗、倉庫、寺社等で、間口が広く内部空間を広く取った建物は、梁が長く間柱や間仕切壁が少ないので、火災時に突然梁が外れたり、床が落下する危険がある。

　　・鉢植え、物干し竿など窓際やベランダに固定せずに置かれたものや放水による破壊物が落下する危険がある。

　イ　倒壊危険

　　・鉄骨造、木造、防火造等の火災では、建物の倒壊危険が常にある。特に準耐火造で工場や商店のように柱間隔の広い建物は、熱に弱く簡単に座屈する。

　　・防火造建物の火災では、熱によりモルタル外壁等に亀裂やふくらみが入り、外壁が倒壊したり、落下する危険がある。

　　・材木置場の火災では、多量の木材が崩れ落ちたり、倒壊する危険があり、倒壊する方向も一様ではない。

　　・鉄骨材を柱、梁等に使用した建物は、火災熱に極めて弱く、熱が加わると上方の重みで

鉄骨が変形、座屈し、倒壊する危険がある。
- レンガ、石造りの建物は、一部が崩れると連鎖的に倒壊する危険がある。
- 倉庫火災では、注水により内部収容物が倒壊したり、棚板等の焼損により荷崩れ危険がある。

ウ　転落危険
- 木造、防火造等で 1 階が燃えている場合、2 階の床が抜けて転落する危険がある。特に畳床は、含水による重量増加で、抜け落ちる危険がある。
- スレートや塩化ビニール製等の屋根は、踏み抜きによる転落危険がある。
- アーケードの屋根は、専用通路部分以外は強度や足場の安定に確実性がなく、転落危険がある。
- 工場、倉庫等には、作業効率のため手すりのない荷物運搬用リフトのピットが設けられている場合があり、転落危険がある。
- キャバレー、ナイトクラブの階段や吹き抜け部分の手すりは、構造的に弱いものがあったり、新築、改築、取り壊し中の建物では、手すり、階段が未設置又は取り外されている場合がある。
- てい上放水をする場合、反動力等による隊員の転落や筒先の落下危険がある。
- 屋根上での活動の場合、足元の滑りや屋根の抜け落ちによるほか、ホースの滑り、ずれによる転落危険がある。
- ガス爆発火災現場等では、床の穴、壁体の崩落、手すりの破損等による転落危険がある。

エ　転倒危険
- 火災建物の出入口、廊下、階段等では、ホースによるつまずきや転倒危険がある。
- 火災建物内では照明が消えたり、採光が無い場合に足元が不案内となり、転倒危険がある。
- 高圧放水の場合、反動力が大きくなるため、バランスを失い転倒危険がある。また、筒先を急激に開閉した場合に生じる放水反動力によっても転倒危険がある。
- デパート、ホテル等では、大型のガラス、鏡が使われていることがあり、錯覚による衝突、転倒危険がある。
- 大量の収容物、資器材が収容された倉庫、工場内では、つまずきや転倒危険のほか崩落危険もある。

オ　爆発危険
- 金属溶鉱炉への直接注水は、水蒸気爆発等による二次災害の危険がある。
- 木粉、澱粉、小麦粉等の収容物へのストレート放水は、空気中に粉末を飛散させ、粉塵爆発の危険性がある。
- 冷凍倉庫、定温倉庫等は、一般に無窓であり、断熱材として可燃性の内装が施されている場合、爆発的に燃焼することがある。

カ　感電危険
- 通電、送電中の柱上変圧器や電線等へのストレート放水は、感電危険がある。

・はしご車で伸てい・旋回させる際、電線・変圧器への十分な安全距離の確保や電路の遮断を確認しないと、感電危険がある。

(3)　火災以外の災害現場における危険要因

　ここでは、火災以外の災害のうち、危険物災害、毒劇物災害及びガス災害現場等における危険要因について整理する。

ア　危険物災害

　消防法別表第1に定める危険物（以下「危険物」という。）が、漏えい等することに伴って発生する危険要因について整理する。

(ア)　毒性ガスの発生

・危険物が容器から漏えいし、空気あるいは空気中の水蒸気と化学反応を起こして毒性ガスが発生する。

・危険物が容器から漏えいし、毒性のある可燃性ガスとなる。あるいは燃焼することによっても毒性ガスが発生する。

・発生した毒性ガスは、皮膚や粘膜に付着するあるいは吸引することによって、災害に関係する者及び消防隊員に被害を及ぼす。また、毒性ガスの拡散により、災害発生場所周辺に人的被害が拡大する。

(イ)　空気、水との反応

・危険物が容器から漏えいして可燃性ガスが発生するあるいは水と接触することで発熱、発火、爆発し、周囲の可燃物へ延焼拡大するあるいは爆風によって建築物の一部（壁、ガラス等）が破損し飛散する。

・危険物を加熱、衝撃、摩擦等することにより発生する酸素により、可燃物の燃焼が急激となる。

(ウ)　漏えい範囲の拡大

・粉末状の物質は、容器から漏えいすると空気中に飛散して速やかに拡散する。気体となる物質も同様に拡散する。

・液状の物質で比重が水より軽いものは、水面上を流れて拡散し、着火した場合には火面が拡大する。

・可燃性蒸気で比重が空気より重いものは、地表面あるいは建築物の床面に沿って流れ、低い場所に滞留して、漏えい場所と連続性のない場所で出火、爆発する。

(エ)　その他

・危険物施設の表示が無いあるいは関係者が確保できないことにより、漏えい物質が特定できず、適切な対応措置が講じられない。

・危険物自体あるいは人体に帯電した静電気が、放電することによる火花で可燃性蒸気が爆発あるいは出火する。

イ　毒劇物災害等

　毒物及び劇物取締法に定める毒物及び劇物（以下「毒劇物」という。）が、漏えい等することに伴って発生する危険要因について整理する。

　㋐　吸引、皮膚への付着

　　・毒劇物を吸引することに伴う障害や毒劇物の皮膚、粘膜等に対する刺激により、健康や生命に害を及ぼす。

　㋑　漏えい範囲の拡大

　　・危険物と同様にその形態ごとの特徴に応じて漏えい範囲が拡大する。（ア㋒参照）

　　・毒劇物に曝露した人が避難あるいは活動した消防隊員が危険区域外に移動することにより、漏えい物の性質や地物の影響とは関係なく、人的な要因により毒劇物の汚染範囲が拡大する。

　　・危険区域外に移動する場合は除染作業が必要となるが、当該作業を行うことに伴い生じる汚水、汚染された衣類により二次的な曝露が生じる。

　㋒　意図的災害

　　・人的被害を発生させることを意図して毒劇物を散布する災害であり、同時多発する可能性がある。

　　・不審物（爆発物）による活動隊員への加害が想定される。

　㋓　その他

　　・毒劇物施設の表示が無いあるいは関係者が確保できないことにより、漏えい物質が特定できず、適切な対応措置が講じられない。

ウ　ガス災害

　　都市ガス等が漏えいし、建築物の内外に滞留、拡散することに伴って発生する危険要因について整理する。

　㋐　屋内での拡散

　　・都市ガス等が漏えいした箇所が区画されていない場合は、周囲へ拡散し滞留する（直上階、直下階、小屋裏、床下、パイプスペース、エレベータシャフト等の人が進入できない部分にも滞留する。）。

　　・漏えいしたガスの比重により傾向は異なるが、滞留した場所において爆発、出火する。

　　・漏えいガスの拡散、滞留は、建築物の構造、空調システム、開口状況の影響を受ける。

　㋑　屋外での拡散

　　・屋外で漏えいしたガスが周囲建築物の内部へ拡散し滞留する。また、地下街、地下鉄道施設、下水溝、共同溝等の工作物内部へも漏えいガスが拡散、滞留して、爆発、出火する。

　　・漏えいしたガスの比重、風向風速、周囲建築物及び工作物の開口条件により影響が異なる。

　㋒　着火源となる機器の使用等

　　・漏えいしたガスの滞留した区域内では、無線機の発信、電気設備の使用に伴い発生する火花より、滞留した漏えいガスが、爆発、出火する。

　　・消防隊員に帯電した静電気の放電により爆発、出火する。

　㋓　電路の遮断

・漏えいしたガスへの着火危険を排除することを目的として、着火源となる電路を遮断することで非常電源が作動し、それによる火花で滞留した漏えいガスが、爆発、出火する。

・屋内の照明設備、換気設備、昇降機等が停止することに伴い、消防活動に支障が生じる。

エ　その他の同種災害

毒劇物災害と同様に毒性を有する物質の発生する災害や火災発生時に二次的に発生する事案の危険性について整理する。

(ア)　一酸化炭素中毒による災害

・無色、無臭の毒性を有する気体であり、視覚、嗅覚により活動初期に危険性を判断する材料がない。

・一酸化炭素の排出に伴い、建築物の他の部分及び周囲に拡散する可能性がある。

(イ)　不活性ガス消火設備の作動

・二酸化炭素を放射する消火設備が作動している防護区画内では、30%を上回る濃度の二酸化炭素が存在している。このような環境下では、二酸化炭素の毒性により短時間の吸引により昏睡、窒息に陥ることが考えられる。

・二酸化炭素以外の不活性ガスを放射する消火設備が作動している防護区画内の雰囲気も、人の呼吸に必要な酸素濃度を大幅に下回るので、酸素欠乏に注意する必要がある。

・不活性ガス消火設備が作動した防護区画内は、放出した消火ガスにより、外部より圧力が高まっていることから、進入のための開口部から消火ガスがあふれ出す。

・消火を確認した後、防護区域内の放出した二酸化炭素等を排出する際には、人体に対する毒性を有するガスを放出することになるので、周囲の状況に配慮する必要がある。

(4)　災害現場の自然環境的要因

災害活動に危険を与える要因として、災害そのものによって作り出される環境のほかに、気象条件や天候などによるものがある。以下では、自然環境的要因について整理する。

ア　風

・急激な風向の変化によって、延焼方向が変化した場合や、風下部署となってしまった場合は、火炎・熱気流に巻き込まれる。

・放水の有効注水距離が低下することに伴い、火炎により接近することとなり、筒先保持者が強い輻射熱を受ける。

・不安定な場所での作業時は、風圧によりバランスがとりにくい。

・強風時、瓦・看板等の結合部の強度が低下していると飛散する。

イ　雨

・視界不良による、転落、転倒、接触危険がある。

・傾斜地では、豪雨などによる地すべり、崖崩れの危険があり、二次災害の発生にも注意を要する。

ウ　気温・湿度

・高温、高湿度の中では熱の発散ができず、熱中症の危険性が増大する。

エ　雪

・視界不良による、転落、転倒、衝突危険が発生する。

・路面の凍結によるスリップや転倒危険がある。

オ　夜間

・照明のない暗い現場では、視覚による周囲の危害情報の収集ができない。

カ　危険物関係

・容器から漏えいした危険物の気体は、風の影響を受け拡散する。

・容器から漏えいした危険物の液体及び空気より比重の重い気体は、地形の影響を受け拡散・滞留する。

・容器から漏えいした危険物の液体及び気体で、水と反応せずかつ水より比重の軽いものは、水面上で水流及び風の影響を受けて拡散する。

2　不安全環境が及ぼす危険事例

(1)　バックドラフト発生危険の伴う消火活動

ア　災害の概要

耐火造5／0事務所・倉庫併用住宅、延べ435㎡のうち2階倉庫90㎡・3階天井10㎡の半焼火災。

イ　消防活動の概要

消防隊員2名が、2階ベランダに上り、窓ガラスを破壊して開口部を設定した。開口部に向けて放水した直後に急激に火炎が拡大し、噴出した火炎により、ホースを補助していた消防隊員が頸部を熱傷した。

ウ　本事例における危険性

(ア)　バックドラフトの発生

窓等が閉じられ、他の開口部も閉じられていると予想される場合、バックドラフトの発生を予見し、開口部からの火炎の噴出し等に配慮が必要である。

(イ)　吹き返し

火災室への最初の放水は、吹き返しに対する配慮が必要である。

(ウ)　落下危険

高所で作業する場合は、常に落下危険が伴う。移動する場合や放水する場合などは、特に配慮する必要がある。

エ　本事例における教訓

気密性の高い建物の火災は、火災室内が燻焼状態になり、バックドラフト現象が起こりやすい。したがって、破壊又は開放等により開口部を設定する場合は、援護注水のもとで必要最小限度とし、指揮本部長の統制下で実施する。

また、筒先部署は姿勢を低くし、遮蔽物に身を隠す等絶対に開口部の正面は避け、万一に備えた脱出手段も確保しておく必要がある。

⑵　複合用途ビルの汚水槽内で発生した硫化水素に伴う救助活動

　ア　災害の概要

　　　耐火10／１の複合用途ビル地下１階のトイレ汚水槽（深さ1.65m、縦4.95m、横2.68m、開口部0.6m四方）の内部清掃作業をしていた作業員が、発生した硫化水素を吸って中毒を起こし、２名が脱出不能になったもの。傷者４名のうち２名は救命対応した。

　　　なお、指令内容については次のとおり。

　　　「ビル地下１階ピット内、塩素系の洗浄剤で洗浄中に酸欠によるけが人２名、出場隊はD出張所に集結せよ。」

　イ　消防活動の概要

　　㋐　A特別救助隊の呼吸器を着装した隊員がピット内部に進入し、サバイバースリング等により吊り上げて救出した。A特別救助隊が進入する際に酸欠空気危険性ガス測定器（GX111）で測定した結果は、硫化水素の指針が振り切れるほどの濃度（100ppm以上）を示していた。

　　㋑　B特別救助隊が可搬式送風機により、ピット内部の換気を実施した。

　　㋒　C化学機動中隊のガス分析装置（赤外線ガス分析装置）で測定した結果、硫化水素100ppmを検出し、酸素濃度は20％以上であった。

　ウ　本事例における危険性

　　㋐　毒性ガスの吸引及び皮膚への付着

　　　　災害現場において刺激臭を確認し、先着隊によってその種類及び濃度が特定された場合には、車両の部署位置、活動に際して身体防護措置等に配慮が必要となる。

　　㋑　可燃性ガスの滞留

　　　　災害現場において可燃性ガスの滞留が確認された場合には、活動に際して防火衣の着装に配慮が必要となる。

　　㋒　漏えい範囲の拡大

　　　　毒性ガスが発生していたピット内を換気するための送風を行い、当該ガスを建物外に排出する場合には、排出する場所周辺での二次的災害の発生を防ぐための配慮が必要となる。

　エ　本事例における教訓

　　㋐　警防本部からの指令内容が「酸欠によるけが人」であったことから、先着したA特別救助隊は、救助服と空気呼吸器のみで活動可能と判断し、ピット内部に進入した。到着時に刺激臭があった現場であり、防護衣を着装して活動すべきである。

　　㋑　現場指揮本部を指令番地の建物の正面に設置したが、事故発生場所に近すぎたため、周辺には強い臭気が漂っていた。現場指揮本部を設置する場所は、安全な場所を選定する必要がある。

　　㋒　内部換気のために送風する場合は、排気場所に人員を配置して周囲の二次的災害の発生防止に配慮する必要がある。

3　安全対策

(1)　特異な燃焼現象における安全対策

　ア　フラッシュオーバー、バックドラフト

- むやみに開口部を開放しない。
- 破壊又は開放等により開口部をどうしても設定する場合は、援護注水のもとで、必要最小限度とし、指揮本部長の統制下で実施する。破壊はできるだけ小破壊とし、徐々に行う。
- 筒先部署は姿勢を低くし、遮蔽物に身を隠す等絶対に開口部正面を避け、脱出手段も講じておく。
- 進入時には、防火衣を完全着装し、防火帽、しころ等を活用して身体の露出部をなくし、空気呼吸器の面体を着装する。
- 開口部を開放した時、開口部の下部に急激な空気の吸い込みが見られる場合には、迅速に退避する。

　火災現場で次のような状況に直面した場合、フラッシュオーバーあるいは爆燃の発生が差し迫っていると考えられる。

表 8

活動時点		前　兆　現　象　等
現場到着時	開口部開放前	1　建物から褐色や黄色身を帯びた濃煙が噴出している。 2　開口部の隙間から火炎や煙が間欠的に噴出している。 3　煙の噴出する部分にタール状の汚れが付着している。 4　窓がガタガタ音を立てていたり、扉、窓が外部から触れてかなりの高温になっている。
	開口部開放後	1　煙が室内に逆流するような強い吸い込みがあり、室内の煙は渦巻くような状態になっている。 2　噴出する煙がかなりの熱気を帯びている。 3　室内に炎が現れた。
室内進入開始時		1　室内進入時にかがまなければならないほど、煙の温度が高い。 2　間欠的に窓から噴出する煙の息継ぎが止み、静かに流れ出る状態になった。 3　室内に床や壁から離れて浮遊する火炎(ゴースティング火炎)が現れた。
室内作業時		1　床に這わなければならないほど、室内の温度が高くなった。 2　天井下の煙中に、間欠的に炎が現れた。 3　室内にゴースティング火炎が現れた。 4　隣室との境付近の床が燃え出した。

　イ　ボイルオーバー、スロップオーバー

- タンク内部での沸騰音などの前兆現象が認められた場合には、高所、風上の充分な距離まで避難する。
- タンク側板への放水によりタンク内部の油を冷却する。

⑵　火災現場における安全対策

　火災現場における消防隊員の安全対策は、任務遂行に当たり、事故を未然に防止するため、その危険要因を合理的に除去する一連の措置であり、任務と一体化したものである。

　火災現場には、これまでに挙げた様々な危険要因が存在するが、多くの場合において各要因が複合して受傷事故が発生する。

　不安全環境である火災現場においての安全対策としては、個々に分析した危険要因の回避とともに、個々の危険要因が連鎖してより大きな危険が発生することを阻止する対策が必要である。

　以下では、火災現場で想定される危険要因ごとにその安全対策について考察する。

ア　落下物危険

・燃えている建物の軒下での作業時は上方に注意する。

・状況によっては、建物内に退避する。

・燃えている建物壁面付近での作業、通行時は上方に注意する。

・ガラス破壊をする場合は真下にいる隊員に注意する。

・ストレート注水により落ちやすい物を一掃してから内部進入する。

・建物横架材接合部を第一に消火する。

イ　倒壊危険

・倒壊させた方が安全である場合は、付近の安全を確認し倒壊させる。

・モルタル壁直近で作業等する場合は、モルタル壁の変化の兆候を見逃さないよう相互に確認する。

・接合部真下の防ぎょは避ける。

・監視員を指定し、周囲の倒壊危険を監視させる。

ウ　転落危険

・敷居上等に部署し、床の中央部には部署しない。

・スレート屋根、アクリル板屋根には原則として登らない。

・踏み込む場所の強度を十分に確認する。

・身体確保を確実に行う。

エ　転倒危険

・足元に注意を払う。

・高圧放水している時の筒先開閉は徐々に行う。

オ　爆発危険

・安易に内部進入しない。

・燃焼物体が不明なときは、安易に注水しない。

カ　感電危険

・送電が停止されていることを必ず確認する。

・耐電衣・ゴム手袋を活用する。

・活線接近警報器を活用する。

⑶ 火災以外の災害現場における安全対策

　ア 危険物災害

　　危険物災害の発生により想定される危険要因ごとに、その安全対策について考察する。

　　㋐ 毒性ガスの発生

　　・消防活動を実施する際、車両の部署位置は風上とし、消防隊の活動中も風上側から実施するとともに、風向の変化による拡散方向に留意する。

　　　なお、毒性ガスの比重によっては高所への部署も配意する。

　　・防護衣、空気呼吸器等による身体防護措置を行う。

　　・可燃性の毒性ガスが発生している場合には、爆発、燃焼に備え、防火衣、耐熱服を着装する。

　　・危険物の化学反応に伴い毒性ガスが発生している場合は、化学反応を促進させることとなる措置を避けるとともに要因を排除する。

　　㋑ 空気、水との反応等

　　・危険物の爆発あるいは可燃物の急激な燃焼に備え、防火衣、耐熱服を着装する。

　　・爆発による飛散物を避けるため、消防活動には地物を利用する。

　　・危険物の種類を特定し、化学反応等を促進させる措置を避ける（不用意な注水、泡放射を避け、乾燥砂、保存液等の活用を考慮する。）。

　　㋒ 漏えい範囲の拡大

　　・漏えいした危険物の性状（粉末、液体、気体等）により拡散の形態が異なることに考慮し、車両の部署位置や活動実施場所に留意する（風向、上流、高所等）。

　　・危険物の燃焼、爆発あるいは可燃物の急激な燃焼に備え、防火衣、耐熱服を着装する。

　　・爆発による飛散物を避けるため、地物を利用する。

　　㋓ その他

　　・危険物施設の関係者からの情報あるいは標識の確認により、早期に漏えい物品の種類を特定する。情報が得られない場合は、各種測定機器を活用し速やかに特定作業を行う。

　　・可燃性蒸気が滞留する場所では、活動により消防隊員自身に静電気が帯電しない措置を施す（防火衣等を水で濡らす等する。）。

　イ 毒劇物災害等

　　毒劇物災害の発生により想定される危険要因ごとにその安全対策について考察する。

　　㋐ 吸引、皮膚への付着

　　・消防活動を実施する際、車両の部署位置は風上とし、消防隊の活動中も風上側から実施するとともに、風向の変化による拡散方向に留意する。

　　　なお、毒性ガスの比重によっては高所への部署にも配意する。

　　・防護衣、空気呼吸器等による身体防護措置を行う。

　　㋑ 漏えい範囲の拡大

　　・漏えいした毒劇物の性状（粉末、液体、気体等）により拡散の形態が異なることに考

慮し、車両の部署位置や活動実施場所に留意する（風向、上流、高所等）。

- 毒劇物に暴露した可能性のある傷者の救護、避難者の誘導は身体防護措置を行った者が行い、除染措置を施した後に移動させる。危険区域内で活動した消防隊員の当該区域外への移動に際しても除染措置を施す。
- 除染作業に伴い発生する汚水、衣類等は除染区域内にため、適切な処理を施す。

(ウ)　意図的災害

- 同時多発災害の可能性があり、発見者、通報者、建物関係者、付近住民等からの情報収集により早期に災害実態を把握する。
- 社会情勢に応じて、重点的に警戒すべき消防対象物をあらかじめ把握しておく。
- 神経剤、生物剤を測定できる機器の活用を図る。
- 不審物（爆発物）が存在する場合には、警察機関と連携する。

(エ)　その他

- 毒劇物施設の関係者からの情報あるいは標識の確認により、早期に漏えい物品の種類を特定する。情報が得られない場合は、各種測定機器を活用し速やかに特定作業を行う。

ウ　ガス災害

　都市ガス等の漏えいに伴う災害の発生により想定される危険要因ごとにその安全対策について考察する。

(ア)　屋内での拡散

- 漏えいしたガスの種類を特定し、その性状により異なる拡散の特徴を考慮して、ガスの滞留場所に留意する。
- 漏えいしたガスの爆発、燃焼に備え、防火衣、耐熱服を着装する。
- 爆発による飛散物を避けるため、建築物内の壁、区画等を利用する。

(イ)　屋外での拡散

- 漏えいしたガスの種類を特定し、その拡散の特徴を考慮して、車両の部署位置や活動実施場所でのガスの滞留に留意する。
- 漏えいしたガスの爆発、燃焼に備え、防火衣、耐熱服を着装する。
- 爆発による飛散物を避けるため、地物を利用する。

(ウ)　着火源となる機器の使用等

- 漏えいしたガスの滞留する区域内では、無線機の発信、電気設備の使用を禁止する。
- 漏えいしたガスの滞留する区域内では、活動により消防隊員自身に静電気が帯電しない措置を施す（防火衣等を水で濡らす等する。）。

(エ)　電路の遮断

- 常用電源を遮断により作動する設備の状況を確認し、不用意な遮断を避ける。
- 消防活動に使用している照明、換気等の電気設備を把握し、消防活動に及ぼす影響に配慮する。必要に応じ、常用電源に代わる電源を確保する。

(オ)　不活性ガス消火設備の作動

　　　　・呼吸保護器具を活用するとともに、防護区画内の二酸化炭素が拡散しない措置を講じる。

　　　　・防護区域内の二酸化炭素を排出する際には、十分に拡散できる場所とし、人的に影響のない濃度であることを確認する。

　　エ　その他の同種災害

　　　　毒劇物災害と同様な危険要因を有する災害の安全対策について考察する。

　　　(ア)　一酸化炭素中毒による災害

　　　　・性状不明のガスが原因と考えられる場合は、身体防護措置を行った上で活動する。

　　　　・測定機器等を活用して、早期に災害発生の原因となったガスの種類を特定する。

　　　(イ)　不活性ガス消火設備の作動

　　　　・呼吸保護器具を活用する。

　　　　・防護区画内に進入する際は、進入する開口部からの不活性ガスの噴出拡散に留意する。

　　　　・防護区域内の不活性ガスを排出する際には、人体に影響のない濃度に十分希釈できる場所とし、測定機器により濃度を確認する。

　(4)　災害現場の自然環境的要因における安全対策

　　　災害現場における危険物の拡散に関連する事象（風向、風速、地形、水流等）を速やかに把握し、部署位置、活動する際の方位に配慮する。

第2　不安全状態に起因するもの

表9　不安全状態における危険要因分類例

不　安　全　状　態	
1　消防資器材の欠陥	①設計不良　②材質の欠陥　③老朽疲労　④使用限界 ⑤整備不良　⑥故障の放置　⑦その他
2　安全防護措置の不適	①防護不適　②絶縁不適　③遮断不適　④表示不適 ⑤その他
3　活動場所・資器材の置き方不適	①作業空間の不足　②作業位置の不適 ③装備資器材の置き方不適　④作業環境の整備不適 ⑤その他
4　保護具・服装などの不適	①使用する保護具を明示しない ②活動時の服装を明示しない　③携行品を明示しない ④その他
5　活動方法の不適	①使用機器の選択不適　②不適正な機器の使用 ③作業手順の誤り　④技術・体力の過信　⑤心身状況の不確認 ⑥その他
6　その他	

1　不安全状態と事故原因

　労働災害を分析するうえで災害あるいは事故を起こしそうな、又はそのような要因を作り出した物理的状態や環境などを“不安全状態”という。不安全状態は事故の直接原因となるもので、前項の災害環境や次項で述べる不安全行動と有機的に関連し、受傷事故や機器損傷事故の直接原因のひとつとされている。

　では、表9に基づく災害活動上の不安全状態について考えてみる。

⑴　消防資器材の欠陥

　消防資器材自体の欠陥としては、①最初からそのもの自体に欠陥がある場合と、②最初欠陥がなくても経年変化や故障により実質的に欠陥になる場合及びそれらが複合した場合に分類整理することができる。

　最初から欠陥を持っている例として、消防資器材自体の設計不良、構成部品の欠陥、製造過程の欠陥など、メーカー側で開発から製造販売の間に何らかの欠陥が生じた結果、使用者側に全く落ち度がなくてもある日突然不具合が発生することがある。新聞でも時々目にするリコール、自主回収、無償交換などといったものはこれに当たる。

　一方、使用する過程で欠陥になるものとしては、取り扱い不良による損傷や故障が原因で欠陥が発生する例が多い。また、繰返し永年使用していると、正しい使用状態にもかかわらず、老朽、疲労などの原因で不具合が生じることがある。そして使用期間が短くても使用頻度が激しい場合、あるいは使用頻度が少なくても長期間経過した場合にも欠陥は生じることがあるので、注意が必要である。こういったことを防ぐためには、点検基準や耐用年数を定めておくことが大切である。

⑵　安全防護措置の不適

　消防隊員は危険な環境下で活動するため、危険から身の安全を守る防護対策が欠かせない。この対策に不備があるとすぐに危険な状態へ身を曝すことになる。直接隊員の身体を防護する空気呼吸器、防火衣、各種防護衣、防火帽、保安帽、手袋などの個人装備品の装着が不十分であったり、三連はしご登てい時のロープ結着不適や携帯警報器のスイッチが入っていない状態での活動など、安全防護措置が不適であると受傷事故の危険は高くなる。その他、エンジンカッターで作業する際の切り粉や切断片、火花の飛散に対する防護措置不十分、危険箇所の明示不良、退路を確保するためのケミカルライトやフラッシュライトの数量不足など、様々な安全・防護措置不適の発生が考えられる。

⑶　活動場所及び資器材の置き方不適

　災害環境に起因するもので、作業スペースが狭いとか地盤に凹凸があるなど、装備資器材を設置、作動させるのに支障が生じる場所での活動は不安全状態に陥りやすい。また、資器材の置き方一つをとっても不安全状態を生む要素がある。不安定な場所へ置けば転倒・落下の危険性があるのは誰でも容易に分かるが、向きを逆に置いたり、重要な部分を挟み込んでいたり、脚部分が接地していないなど、正しくない置き方をすることによっても資器材に欠陥や転倒などのおそれが生じる。

⑷　保護具・服装などの不適

　災害は多種多様であり、事案ごとにそれぞれ状況も内容も異なっている。したがって、それぞれの災害に応じたふさわしい服装や保安器具を身につける必要があるのにもかかわらず、それが不十分であれば、十分な身体防護ができなくなる。活動基準や規則、適切な指示命令により服装や保護具を適切に着装させることが必要である。

⑸　活動方法の不適

　活動においては、安全を確保するためにも状況の適正な把握及び対応方法の判断が非常に重要になる。状況に応じて機器の選択や作業手順が定まるが、不安全行動に分類される要因によって間違った機器の選択や作業手順の決定を行い、その状態、すなわち不安全な状態のまま活動してしまう危険がある。不安全状態にあることを気づくには、客観的に行える適正な点検方法や心身状況の把握方法等が重要である。

⑹　その他

　知識不足も不安全状態に結びついている。機器の操作方法を知らない、性能を知らない、危険性を知らない、活動方法を理解していないなど、知識不足の状態で作業をすれば、事故を招くことになりかねない。

2　不安全状態が及ぼす危険性

　不安全状態が消防活動にどのような危険性を及ぼすかについて不安全状態の分類にそって具体的な例を基に考えてみる。

⑴　空気呼吸器の例

　ア　空気呼吸器は隊員の生命と直接結びついており、ひとたび不具合が発生すると、たちまち呼吸困難で死亡事故へつながってしまうという安全上重要度の極めて高い保安器具である。ここでは日常使用している状況下で発生する可能性のある不安全状態に注目してみよう。

　　取り扱い不適や永年使用、整備不良があれば故障が発生するのは明白だが、知らず知らずのうちに進行する場合の例として、空気呼吸器の置き方の不適により不安全状態になるものがある。ホースを下敷きにするように置いたり、車両積載時にホースが極端に屈曲するような積載の仕方を続けていると、疲労が原因でホース自体にキンクや亀裂が発生する。この場合、耐圧力強度が低下した状態となる。また、それを点検で発見できなければいつ空気漏れを起こすか分からない状態となり、そのまま災害現場の中へ進入すれば極めて危険な状態で活動していることになるのだ。ホースが高圧力に耐え切れなくなると、瞬時に破裂し、急激に空気が減少するため、隊員の生命に危機を及ぼす結果となってしまう。

　イ　高圧導管（圧力指示計導気管）の場合、研究所の検証結果では極端な屈曲を繰り返すことでキンクが発生し、キンク箇所では耐圧力が大きく減少してしまうことを確認している（写真1～3）。そのため現在では防止対策として保護カバーで高圧導管を保護し安全強化を図っている。

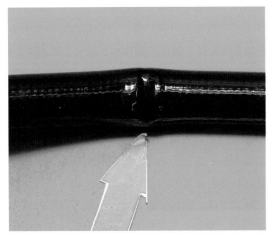

写真1　キンクの状況

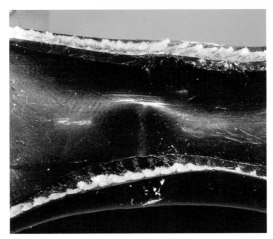

写真2　キンク箇所の内側

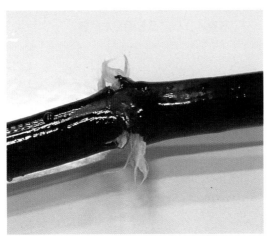

写真3　破裂状況

　また、背負子へ空気ボンベを取り付ける際、中圧ホースをボンベと背負子の間に挟み込んだ状態にしてしまうと、正常な取り扱い方法で使用していてもある日突然不具合が発生するおそれがある。他にも例えば、面体内側に水が浸入して凍結したり異物が侵入すると、プレッシャデマンド弁の作動不良やホイッスルの鳴動不良などの不具合が発生する可能性もある。これらのことから点検整備や作動確認を確実に行うことが必要である。

ウ　一方、視野の減少という問題もある。面体を装着した状態やしころを閉じた状態は身体を輻射熱等から防護できる反面、視野が減少してしまう。あるいは汗や呼気により面体アイピースが曇り視界が悪くなることもある。目で見える範囲が減少するとその分自由度が失われ活動範囲が制限されるとともに、危険を察知できる範囲が狭くなる。

　研究所における検証結果では、面体装着状態での視野範囲の減少率（素顔と比較）は、CS面体装着状態で約10％減、更にしころ閉じ状態では50〜60％減少することが確認された（写真4、図6）。視野が狭まった分、首を動かすことによって広範囲を確認する必要がある。

写真4　しころを閉じた状態

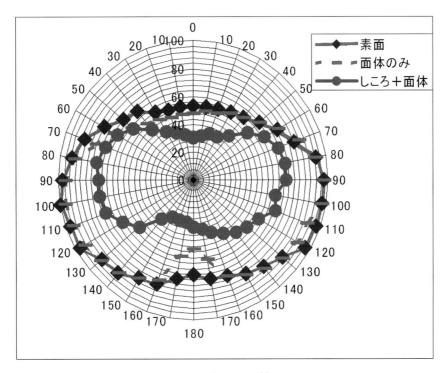

図 6　視野の比較

　エ　ボンベ空気量で考えてみると、空気残量が十分でない状態で内部進入すると、脱出時間
　　の誤算や脱出に必要な空気量不足などの事態が発生する可能性があり、不安全状態といえ
　　る。また、活動場所を誤り、脱出に時間のかかる場所へ進入し活動している場合も、脱出
　　時間が予想以上にかかってしまうことから、途中で空気残量がゼロになるおそれがあり非
　　常に危険である。

(2)　防火衣の例

　ア　防火衣の不安全状態としては、表 9 における安全防護措置の不適、保護具・服装などの
　　不適、災害活動方法の不適等が考えられる。

　　　防火衣は、輻射熱や災害環境から身体を保護するために熱防護性や耐切創性に非常に優
　　れているものである。そのため、周囲の温度や輻射熱を体感しにくく、活動環境がある程
　　度高温に達しても熱を感じないで活動してしまう可能性がある。このことから活動時は危
　　険な状況下にいることを常に認識しておくことや、不用意に火炎に接近したり熱気の充満
　　した室内に進入することのないよう注意しなければならない。（研究所の検証によると、
　　サーマルマネキン試験（図 7 ）で火炎に瞬間的に曝露した場合〔※ 1 〕、図 8 写真のよう
　　に防火衣は相当なダメージを受けているが、マネキンはほとんど熱傷を負っていないのが
　　分かる。）

　　　防火衣は、熱防護性が高いとはいえ耐熱服ではないので、防火衣の性能を過信してはい
　　けない。熱伝導により時間とともに熱が内部へ伝わり、熱いと気づいてから脱出した時に
　　は既に熱傷を負ってしまう。

　その他にも、もし執務服を着用せずにTシャツ1枚だけの状態で防火衣を着ていると、その分の断熱効果が低下することになり、熱傷を負う危険性はその分高まることになる。胸のファスナーが完全に閉まっていないとか、えりが立っていないことに気づかないまま活動している場合も熱傷などの受傷をする確率が高くなるといえる。

　このように装着不十分、つまり防護措置不十分状態では、受傷の危険性が大きくなるのは誰にも判ることである。

イ　次に防火衣の内側に視点を移してみよう。防火衣は多層構造になっており、燃えにくく強度の高い表層、外からの水分は通さず身体の湿気を外に出す透湿防水層、熱を伝えにくくする断熱層等の各層が組み合わさっている。このため外側からの熱を通しにくい反面、防火衣内側の体熱や汗が外へ放出されにくい状態にある。しかし、災害環境から身体を防護するためには完全着装しその状態で活動しなければならない。この時、水分・塩分補給や休息をせずに活動していると、外気温の高い夏季などにおいては、熱中症になる危険性があるので十分注意が必要である。

(3)　救助ロープの例

　救助ロープとして使われているナイロンロープは、極めて丈夫で切れないものとの感覚に陥っていることがあるが、これは危険なことである。ロープは見えない部分で劣化が進んでいる場合や、また、同じ時期に配置されたロープでも経年使用による損傷、磨耗及び保守管理の状況などの違いによって1本1本強度が異なるのである。

　毛羽立っているとか、擦り切れている、ほつれている場合など、外観上異状が判別できるものは気づきやすい（図9参照）。しかし、経年劣化、薬品等が浸透したもの、熱に曝されたもの、必要以上の荷重のかかったものなど、外観上異状のないものについては、判別することは難しいことを十分認識しておく必要がある（表10、11参照）。

曝露前

曝露中

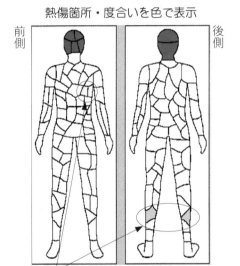
熱傷箇所・度合いを色で表示
前側　　　後側

熱傷箇所

図 7　サーマルマネキン試験

図 8　火炎曝露後の損傷状況
〔※ 1〕バーナーで作り出した火災環境下（80kW/㎡）に 5 秒間曝露したもの

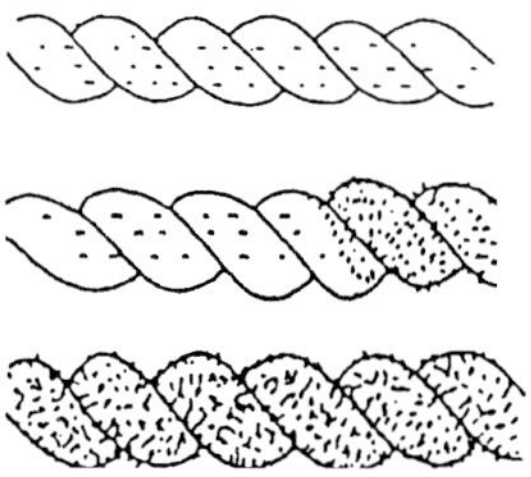

外見：毛羽立ちが少なくストランドの谷がはっきりと判別できる。

強度：新品時の約70〜80%

外見：毛羽立ちのため、ところどころストランドの谷がふさがっている。

強度：新品時の約50〜60%

外見：全面的に毛羽立ち、ストランドの谷が判別できない。

強度：新品時の約40〜50%

（「救助技術と安全管理」救助技術研究会 編より）

図9　ロープの外見と強度

表10　薬品等による劣化

薬品等の種類	試験の内容	破断時の引張荷重	新品に対する強度
灯油	48時間灯油につけたもの	2,855kgf（28.01kN）	98%
粉石鹸	石鹸液に48時間つけた後乾燥させたもの	2,480kgf（24.33kN）	85%
硫酸	濃度1規定（水951g、硫酸49gの割合）の液に48時間つけ乾燥させたもの	2,270kgf（22.27kN）	78%
バッテリー液	1分間ずつ2度つけたもの	1,105kgf（10.84kN）	38%

〔ナイロン12mmロープ　破断強度2,917kgf（28.62kN）使用〕

表11　結索後のロープ強度

試験項目	結索項目	ロープ結索時の破断荷重	結索前の強度を100とした時の変化率	破断箇所
命綱用結索	もやい結び	20.78kN	56%	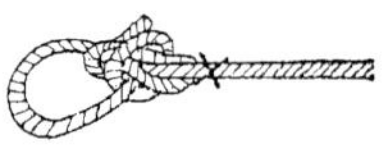
結着用結索	二廻り二結び	24.50kN	66%	
	巻き結び	26.96kN	73%	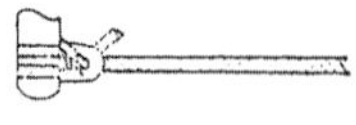
接合用結索	本結び	19.40kN	53%	
展張用結索	蝶結び	19.31kN	52%	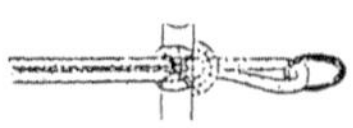

〔ナイロン12mmロープ破断強度36.85kN使用〕

⑷　携帯警報器の例

　　携帯警報器は、万一、隊員自身に事故が発生した場合に緊急事態を知らせるものである。この携帯警報器の不安全状態として考えられるものは、物自体の欠陥、安全措置の不適及び災害活動方法の不適などが挙げられる。警報器自体の故障又は電池切れにより機能を果たさない状態や、スイッチがOFFのままで活動している場合は、万一、非常事態が発生しても警報を発することができない。特に、スイッチの入れ忘れには十分注意しなければならない。

　　活動中に警報が鳴るとうるさいという理由で、日常の訓練時において、スイッチを入れないままで訓練していると、実災害時においてもうっかりスイッチを入れないままで内部進入してしまう可能性がある。あるいは、スイッチを入れたものと勘違いして活動してしまうことも考えられる。

　　また、日常訓練時において警報音を聞き慣れているために、「警報」に対する意識が薄く、災害現場で警報が聞こえたとしてもどうせ誤報だと思い込んでいると、結果的に重大事故へと導くことになってしまう。

　　携帯警報器は自分の命綱と同じだということをよく認識し、確実なスイッチ操作及び点検をすることが必要である。

3　安全対策

⑴　不安全状態の背後にある根本原因の解明

　　不安全状態は事故の直接原因となるものであるが、もっと深い根底にある問題の兆候にすぎないため、兆候を追及するだけでは永続的・根本的な事故防止にはならない。よって根本にある基本原因までさかのぼって解明することが重要である。

　　例えば、隊員が負傷し倒れたが発見が遅れた理由として、携帯警報器のスイッチが入っていないという不安全状態で活動していたことが直接原因だった場合には、なぜスイッチを入れていなかったかに注目し、その背景となった根本原因を解明し、改善していく必要がある。

⑵　直面する不安全状態の認識

　　消防活動時に起こり得る不安全状態を日常から認識していれば、いざ直面した場合に適切に危険回避行動がとれる。しかし、何も知らずに不安全状態へ突入してしまえば、危険な状態に気づかずそのまま事故へとつながってしまうのである。

　　装備資器材は、基本通りの正しい操作をしていても、いつどこで不安全状態に陥るか分からない。したがって、「○○をしている時は△△に注意する必要がある、□□を使用する場合は××の危険があるから◎◎をしなければならない」等、何を用いてどういう状況下で、どういった活動をしていると、どんな危険性があるかということを常に頭の中に置いて、いつも身構えていれば、かなりの部分で事故防止が図れる。日常の訓練においても、あえて不安全状態を想定した訓練を実施し、その体験を通して、危険予知能力の向上と対処法を身につけるなどして、一人ひとりが徹底的に理解・認識することが大切である。

⑶　不安全状態を排除する対策

　　災害活動はあらゆる危険の中で活動するため、不安全状態が全くないということはあり得

ない。しかし、不安全状態に直面する以前に、管理の徹底、教育訓練の徹底、基準の整備などによって不安全状態を発生させないよう安全管理知識の蓄積に努めるとともに、点検整備の徹底、安全確認の徹底によって不安全状態の排除に努めていくことが重要である。

第3　不安全行動に起因するもの

表12　不安全行動における危険要因分類例

不 安 全 行 動	
1　資器材の使用方法及び維持管理の不適	①安全装置を外す ②安全装置を無効にする ③機器・工具の不適切な使用 ④点検要領の不適 ⑤その他
2　危険状態（不安全状態）の発生及び放置	①不確実な確保 ②資器材の持ち過ぎ ③資器材を不安定な場所に放置 ④確保方法の不適 ⑤機器の操作場所を無断で離れる
3　災害現場における危険の認識不足	①動いている機器に接近する又は触れる ②不用意に危険な場所に入る ③不安定な物に触れる ④不安定な場所に身を置く ⑤その他
4　保護具、服装の使用不適	①保護具を使用しない ②使用方法・手順の誤り ③不完全な服装 ④服装の乱れ ⑤その他
5　運転操作の誤り	①スピードの出し過ぎ ②脇見運転 ③その他
6　安全確認の不履行	①合図、確認無しに車を動かす ②合図無しに物を動かす又は放す ③飛び降り、飛び乗り ④器具の代わりに手などを用いる ⑤その他
7　その他	

1　不安全行動と事故原因

⑴　不安全行動とヒューマンエラー

　　不安全行動とは、「失敗のメカニズム」（図10参照）によると「本人または他人の安全を阻害する意図をもたずに、本人または他人の安全を阻害する可能性のある行動が意図的に行われたもの」と定義されている。これを簡単にいうと、「自分がけがをしたいわけでも、他人にけがをさせたいわけでも全くないが、その危険のあるような行為をあえて意図的に行ってしまうこと」となる。

　　これに対し、ヒューマンエラーとは、「達成しようとした目標から意図せずに逸脱することとなった、期待に反した人間の行動である。」と定義されており、不安全行動の定義と対比させて見ると、本人がとった行為、行動が、意図的なものかそうでないかの違いにより区別することが可能である。

　　一例を挙げると、消防署の車庫内に設置してあるホース棚からホースを降ろす際に、脚立を設置する行為を省略し、ジャンプして取ろうとしてホースを落下させ、自分の体にホースがあたり受傷したと仮定する。脚立を使わずにホースを降ろすという行為は、その行為が成功する、失敗するにかかわらず行為そのものが「不安全行動」となる。一方、ホースを落下させるという行為は、自分が意図的に行った行為ではないことから、こちらは「ヒューマンエラー」となるのである。

　　不安全行動とヒューマンエラーの関係を図で表すと図10のようになる。不安全行動自体は、事故発生に直結はしていないが、その行動をとったことにより、規則どおりの安全な行動をとった時よりもエラーの確率が増大し、結果についても重大な事故につながることがこの図からも明らかである。

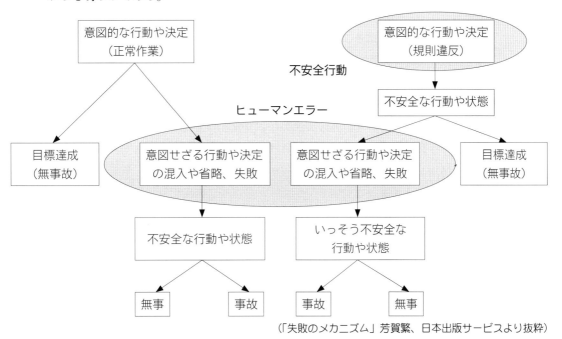

（「失敗のメカニズム」芳賀繁、日本出版サービスより抜粋）

図10　不安全行動とヒューマンエラーの関係

(2)　リスクテイキング行動

　心理学の分野では、そのことが危険とわかっていながらあえてその行動をとってしまうことをリスクテイキングと定義している。

　不安全行動を意図的な違反行為と限定すると、それはつまりリスクテイキング行動の一種となるわけである。

　平成15年度に警防部救助課が主催した「濃煙熱気内における消防隊員の行動と心理的影響に関する研究会」の中で、第四研究室が行った研究（以下「平成15年度研究」という。）では、交替制の消防職員762名に対し、日常生活時における不安全行動をとる傾向を知るための質問紙調査と、日常生活におけるリスクに対する本人の傾向性を知るための質問紙調査の2種類を実施した。

　その調査結果から消防職員をリスキーな行動をとる傾向にある人（リスクを好む傾向がある人）とそれ以外の人に分類し不安全行動をとる傾向を詳細に分析したところ、リスキーな行動をとる傾向があると分類された職員の方が、不安全行動をとる率が高くなる傾向が出た。

　この傾向については、この分野の専門家が行った先行研究における結果と同様の結果になった。

　このことから、自分が果たしてリスキー傾向がある性格なのかそうでないのかをあらかじめ知っておくことが消防活動を行ううえでも大切であり、リスキー傾向がある性格の人については、不安全行動をとってしまう確率がそうでない人に比べて高いことから、災害現場だけでなく普段の行動から特に注意を払う必要がある。

(3)　災害活動上の不安全行動

　それでは、表12（P52参照）の分類に沿って、災害活動現場等で発生している不安全行動について考察する。

ア　資器材の不適切な使用及び維持管理の不適

　消防職員が災害現場等で使用する各種資器材はその取扱いについては、操作手順が決まっていて、マニュアル等も整備されており、これに従って使用されることにより、安全かつ、その資器材がもっている機能も十分発揮され、効果が期待できるものである。しかし、操作手順の省略、マニュアル以外の方法等により資器材を使用するような不安全行動をとることにより、機能の低下や故障という資器材の損傷だけにとどまらず、資器材を不安全状態のまま使用している消防職員にも危険が発生する可能性がある。資器材の安全装置を外したまま活動や作業を行い受傷してしまった事例や、指定工具以外の工具を用いたために部品が損傷する事例、取扱いを誤って受傷した事例等がある。

イ　危険状態（不安全状態）の発生及び放置

　消防職員は、一般の人々が危険から逃避してくる災害現場に出場し被害を最小限に防ぐことが職務である。つまり、危険と認められる場所や状態にある所に出場していき、常に不安全状態の場所で活動を行っていることになる。災害現場は「不安全状態の場所」であるということを常に認識していなければならない。

　このような、そこにいるだけで不安全状態な災害現場において、消防職員は不安全な行

動をとってしまうことが少なくない。例を挙げると、使用する資器材の持ちすぎ（両手の
ふさがり）、使用する資器材等を不確実な持ち方で車両から降ろしたり搬送したりする、
資器材を活動中の隊員が行き交う場所に放置したりすることが挙げられる。

　安全な場所において不安全な行動をとることはその行動をとる自体問題だが、これが災
害現場のような不安全な場所で同じ行動をとった場合には、その行動をとってしまった本
人だけでなく、周囲にいる人々も作業や活動を失敗し事故を起こし受傷するという危険性・
確率は非常に高くなることは常識的に考えても明らかである。

ウ　災害現場における危険の認識不足

　消防職員であれば、災害現場等で活動する場合において、自分はこの程度の危険は大丈
夫であると判断して行動しても、実際には自分が考えている以上に危険の度合いが高かっ
たことから活動中に受傷してしまったり、受傷しないまでもヒヤリ・ハットに遭遇したと
いう経験は少なからずあるのではないだろうか。実際の事故事例には、面体を付けないで
建物内部に進入し煙にまかれる、２階の床強度を確認しないで進入したことにより床面を
踏み抜き１階に落下したこと等が挙げられる。実際に受傷した職員に話を聞くと、ほとん
どの職員が「これくらい大丈夫だと思った」と回答している。

　それでは、どのような性格の人が受傷事故を発生させたり、ヒヤリ・ハットに多く遭遇
しているかについて、平成15年度研究において火災現場におけるヒヤリ・ハットの遭遇頻
度と危険に対する印象度について調査・分析したところ、リスキーな行動をとる傾向にあ
る人ほど、それ以外の人に比べて危険に対する認識が低く、かつ、ヒヤリ・ハットに遭遇
する頻度も高い傾向がみられることが明らかになった。また、慎重な傾向にある人は、そ
うでない人に比べて危険に対する認識は高く、ヒヤリ・ハットに遭遇する頻度は低い傾向
にあることが明らかになった。

エ　保護具・服装の使用不適

　消防職員は災害現場等で活動する場合は、あらかじめ指定されている服装や保安器具を
完全着装して活動しなければならないことは、各種規程、規則、活動基準等で示されてい
る。しかしながら、災害現場等における受傷事故の報告を見てみると、上記のことが守ら
れていないことから受傷した事例が多数見受けられる。例を挙げると、三連はしご登てい
時において補助者が防火帽や保安帽をかぶらないで活動したことから、上階からの落下物
により受傷した事例、手袋をしないで活動若しくは破れている手袋の使用による受傷事例、
空気呼吸器使用時における面体の着装不良による受傷事例等がある。

オ　運転操作の誤り

　主に消防車両を運転する機関員が行ってしまう不安全行動である。災害現場に向かう緊
急走行時だけでなく一般走行時にも多くみられるものばかりである。例を挙げると、現場
に早く到着しようとする焦りや運転技能を過信したスピードの出し過ぎ、急ハンドル、急
ブレーキや脇見運転等が挙げられる。車両運転中における不安全行動は、いったん事故等
が発生すると、前アからエとは異なり、本人や他の消防職員だけでなく一般人も巻き込ん
だ重大な事故になってしまう可能性が非常に高いということを機関員だけでなく隊長、隊

員等の車両に乗車している者も常に認識して出場や出向するという心構えをもつことが必要である。

カ　安全確認の不履行

いつもの行動だから合図や確認を行わなくても「大丈夫だろう」、という気持ちが生じることがある。例えば、ポンプ車から降車する際に、舗装された平らな道路であるから「大丈夫」と判断して、地面を確認せず飛び降りたところ、そこには大きな段差があり足関節の捻挫をしてしまった事例が考えられる。また、複数の人間で活動を行うときに、「わかっているだろう」という気持ちが生じ、合図や確認をしないまま行動することがあるのではないか。例を挙げると、資器材を合図なしに受け渡した際に、「受け取っただろう」と思い手を離したところ、相手は受け取っていなかったため資器材が足に落ち、足の骨を折ってしまう事例が考えられる。

このような事故を起こさないためにも、常日頃から何か行動を行う際には、合図や確認を行う必要がある。

2　不安全行動を行う理由

不安全行動とヒューマンエラーの違いは、前1(1)で記述したように、本人のとった行動が意図的かそうでないかの違いである。不安全行動とは悪い表現で言うと、ルールや決まりは分かっているが、あえてそれを無視して行動するという確信犯的な行動、つまりは、ルール違反を意図的に行ってしまうことである。このようなルール違反を災害現場や職場内で行ってしまう理由については、次のようなことが考えられている。

(1)　ルールを知らない、ルールに同意できない、あるいは意味がないと感じている職員が職場で決められているルールそのものを知らないことによって起こるルール違反やルールの存在や内容に納得していないことからルール違反をしてしまうケース。

(2)　ルールを守るデメリットが大きい

ルールを守ることによって、作業や活動が大幅に遅延してしまうことからルール違反をしてしまうケース。

(3)　ルール違反の結果、得られるメリットが非常に大きい

ルール違反を犯すことと、その後に得られる多大なメリットとを天秤にかけてルール違反を選択してしまうケース。

(4)　職場内において平気でルール違反をしている

職場内で上司から同僚、部下まで、全員がルールを守っていないケース。

(5)　同じルール違反が習慣化されてしまっている

過去にルール違反を犯してしまっても、事故なく安全に活動が終了し全く問題が発生しなかったことから、ルール違反が習慣化してしまったケース。

(6)　ルール違反をしても罰せられない。罰せられても小さい

ルール違反を犯しても周りの誰からも注意されなかったり、罰等を与えられないケース。この他にも、災害現場において住民からの野次や罵声又は期待に満ちた熱い視線等による外

的な圧力や心理的なプレッシャー等からルール違反を犯してしまう場合も考えられる。

　平成13年度に第四研究室が行った研究では、実際に平成12年中に訓練や災害現場等で受傷した警防隊員40名からどのようなルール違反を犯したのか聞き取り調査を実施している。

　この調査結果によると、「実際に行っていた行動がいつも行っている行動ではなかった。」、「作業手順を意図的に省略した。」や「作業手順をつい省略してしまった。」という意図的な省略行為により受傷している例が多く見られた。省略した理由としては、「急いでいたから」、「面倒くさかったから」、「これくらい大丈夫だと思った」という回答があった。

　この研究結果から、受傷事故が発生した原因については、中には隊員の活動は問題なくても予想不可能な防ぎ切れない事故により受傷した事例もあったが、多くの原因は受傷した本人若しくは一緒に活動していた隊員たちの意図的な省略行為つまり不安全行動により受傷事故が発生している事例であった。

3　不安全行動を防ぐ安全対策

(1)　消防職員一人ひとりが決められたルールを守り安全を最優先した活動を心掛ければ、必然的に不安全行動はなくなる。

　しかしながら、消防活動において、「人命救助」という崇高な目的の達成であれば、「身を挺して」という気持ちが変形して、「少しくらいのルール違反はしようがない」という考えが個々の職員の心の奥底に存在するのであれば不安全行動はどんなに組織や上司等から指導・教育を受けてもなくならない。

　また、過去の経験から、危険性の実感もなく、けがなしで作業をやり遂げることができた不安全行動については、本人にとっては「安全行動」ということになり、それ以外は選択してはいけない行動であると独自に判断して活動している者がいた場合も同様の結果となる。不安全行動をなくすために必要なことは第一には、職員全員が「自己の安全を大前提」として活動するという基本原則を再認識し、どんな時であっても、絶対に「不安全行動はとらない」という確固たる決意をもつことが大前提となる。

(2)　第二に、組織的には組織一丸となった安全対策を推進していく必要がある。組織や集団内での安全対策・事故防止対策等では個人でできることは限られており、全員で一致団結して取り組んでこそ初めて安全を保てるという共通の認識をもつことが必要である。

　また、「ルール違反は絶対に認めない」という組織風土を確立し、組織の中に「安全文化」を醸成していかなければならない。

(3)　上記の「安全文化」をもっている組織では、組織を構成している職員全体が安全の重要性を認識し不安全行動等に対して鋭い感受性をもち、事故予防に対する前向きの姿勢と有効な仕組みを確立させている。J.Reason の「組織事故」によると、安全文化をもっている組織の定義として、エラーやヒヤリ・ハット等を包み隠さず報告し、その情報に基づき事故の芽を事前に摘みとる「報告の文化」、規則違反や不安全行動を放置することなく罰するべきは罰する「正義の文化」、組織内において、必要に応じて組織の命令系統を変更し、意思決定ができる「柔軟な文化」、過去に自分の組織やそれ以外の組織において発生したエラーや

ヒヤリ・ハット等の事故や事例を学び、そこから組織に必要な対策を講じていく「学習の文化」の 4 つの文化を挙げている。

　また、「ヒューマン・エラーの正体と事故防止対策」（石橋明氏による記念講演）によると、世界的に安全企業として、また従業員を大切にすることで有名なデュポン社では、組織内における「安全衛生の10則」の中の一文に「安全は雇用の条件である」ということが書かれている。この企業では勤務時間内外を問わず、自分に責任のある事故等を起こしてしまうと、どんなに優秀な社員でも職を失ってしまうぐらい安全に関して厳しいポリシーを貫いており、これこそが本物の安全文化なのだと述べている。

　消防組織において、安全文化を作り上げ確固たるものにしていくためには、まず組織の上に立つトップ層が陣頭指揮を執り、職員一人ひとりが「人命救助」という消防の崇高な使命感をもつとともに、「安全を大前提とする」という意識をもち、組織全体で対策に取り組んでいくことが大切である。

受傷事故事例の具体的分析と対策

第1　消防活動関係

1　熱傷1

(1)　事例概要

　　防火造共同住宅2階から出火した火災現場において、階段の2階最上部付近で活動していた隊員が、高温の煙層により前額部に熱傷を負った。

(2)　受傷に至る活動概要

　ア　受傷程度

　　　前額部Ⅱ度熱傷（0.5%）

　イ　活動概要

　　㋐　最先到着隊は、出火建物2階に50mmホース1線を延長し、面体装着後、2小隊長を先頭に筒先担当とし、以下、中隊長、1番員の計3名で玄関から進入した。

　　㋑　3名は、屋内階段を放水しながら上がっていった。

　　㋒　2小隊長は、階段の2階最上部付近に至ると高温の熱気を感じ、上を見ると、2階天井付近には黒煙の層及び火炎が認められたため、階段中段まで退避し態勢を立て直した。

　　㋓　再び、2小隊長以下は天井などに放水をしながら階段を上がり、階段最上部付近に至ったが、高温の熱気を感じたことから、再度階段の途中まで退避した。

　　　しかし、熱気を感じていながら更に3度目を試み2階に至った。

　　㋔　しばらく活動した後、空気呼吸器の警報ベルが鳴動したので、2小隊長はボンベ交換のため屋外に出た。

　　㋕　屋外に出たところ、2小隊長の防火帽が黒焦していることに気づき、中隊長が確認したところ、2小隊長の前額部に水泡（Ⅱ度熱傷）があることが判明した。

　ウ　出火建物の焼損程度

　　　防火2／0共同住宅　建70㎡　延140㎡のうち2階70㎡焼損（半焼）

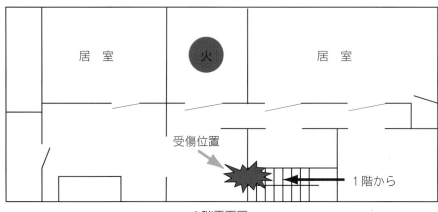

２階平面図

(3)　個人装備品の損傷状況からの検証

　　個人装備品の焼損状況を分析することにより、当時、隊員がどのような火災性状下に置かれていたかの推定ができる。

装備品	写真	熱分析装置による検証結果
防火帽	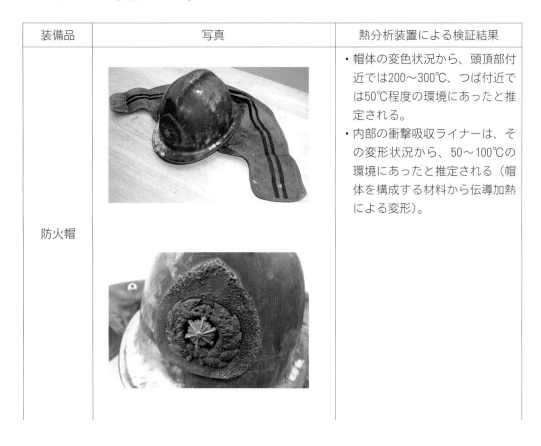	・帽体の変色状況から、頭頂部付近では200〜300℃、つば付近では50℃程度の環境にあったと推定される。 ・内部の衝撃吸収ライナーは、その変形状況から、50〜100℃の環境にあったと推定される（帽体を構成する材料から伝導加熱による変形）。

防火衣	 	・溶融した反射テープの状況から、左袖の位置（高さ）では70〜100℃の環境にあったと推定される。
空気呼吸器	 	・ボンベカバーの変形状況から、当該カバーの上部は、5〜10分間、200℃程度の環境下にあったと推定される。 ・同様に当該カバーの下部は、70〜100℃程度の環境下にあったと推定される。

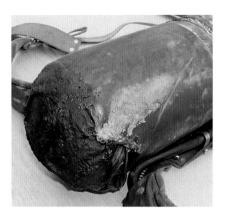

次に、このような焼損状況に至った背景を、火災性状と隊員の行動から分析して検証した。

(4)　火災性状及び隊員の行動からの検証

　　ア　事故の実態を推定するため、前(3)の装備品の損傷状態を踏まえ、隊員の行動・証言及び

　　　火災シミュレーションを用いて検証した。

隊員の証言から	火災性状の視点からの推測	シミュレーションによる検証結果
1　進入前、1階から2階方向を見ると、炎が2階出火室から、踊り場方向へ噴出してくるのが見えた。階段室内の2階天井付近の煙はまだ薄かった。（中隊長）	1　居室から、階段方向に火炎が噴出していることから、居室ドア面では居室から階段方向への流れがある。　進入時、天井はまだ燃え抜けていない。	1　天井が燃え抜けた場合と、燃え抜けていない場合の比較結果から、居室からの噴出が強い場合、天井はまだ、燃え抜けていない。
2　階段最上部に上がると、非常に熱く、下がらざるを得なかった。（2小隊長）　階段途中ではそれほど熱くはなかった。（中隊長）	2　2階床面より上方に温度の急激な変化面がある。	2　2階床面より50cmほど上面から急激な温度変化面が観られる。
3　筒先から3人目の位置から見て、前の中隊長は見えたが、先頭の2小隊長は白煙の中で見えなかった。この頃が一番熱いと感じた。（1番員）	3　先頭の2小隊長と2番目の中隊長との間には煙層の境界又は、見通し距離の限界がある。	3　燃焼状況により階段途中まで煙層が降下する。
4　1回目の放水を行っているとき、青白い炎が自分の頭上、右方向（居室側）から自分（屋外方向）の左方向へ走ってきた。（中隊長）	4　放水時には天井が燃え抜け、居室側から屋根をたどり、廊下方向へ流れが生じている。	4　天井が燃え抜けた場合、居室から小屋裏方向へ強い流れが生じる。

5　２回目に下がった時、天井面をなぞるように、右上方から左方向に上から炎が撒いて来た。援護用のホース線が伸びて来たため、天井方向に向けてスプレー気味に間欠放水を行った。かなり熱いお湯が流れ落ちてきた。（１番員）	5　放水継続後も、天井から熱気流が階段側に流れてきている。天井は燃え抜け、小屋裏からの気流が生じていた。	5　天井付近には、高温の雰囲気があり、燃焼が急激に変化する可能性があった。
6　３回目の進入後、数分で、室内が急に明るくなり、炎が見えるようになって、燃焼物が確認できた。（中隊長）	6　屋根が燃え抜け、酸素濃度があがり、燃焼が進行した。	
7　放水による吹き返しは水蒸気というよりは黒煙で、それほど強いものではなかった。（中隊長）	7　放水時には居室窓の開放又は、天井が燃え抜ける等、ドア以外に開口部があった。	

　イ　火災シミュレーションによる受傷状況

　　図11は、火災初期の天井が燃え抜けていない場合の火災シミュレーションを表したもので、図12は、火災中期で天井が燃え抜けた場合の火災シミュレーションを表したものである。

　　図13は、図12の天井が燃え抜けて間もないときの温度境界とその位置状況並びに隊員の位置関係を示したものであり、図14は、図13よりも時間が経過した状態を示したものである。50℃の温度境界面は、いずれもほぼ同位置の高さにあるが、200℃の温度境界面は、図13から図14に移行するとともに降下している。

　　これは、約50cmほどの狭い間隔の中に50℃から200℃までの急激な温度勾配が形成されていたことを示している。

　　天井が燃え抜けたため小屋裏からの熱気が時間経過とともに垂直に流れ落ちて来たことにより、同じ位置にある隊員の頭部が200℃の高温の温度境界面に曝露してしまったと考えられる。

（下図の温度境界面は、濃：200℃、淡：50℃を示している。）

図11 天井がある場合、ドアからの流れが生じる

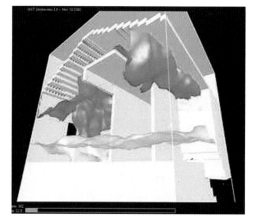

図12 天井がない場合、小屋裏側からの流れが生じる

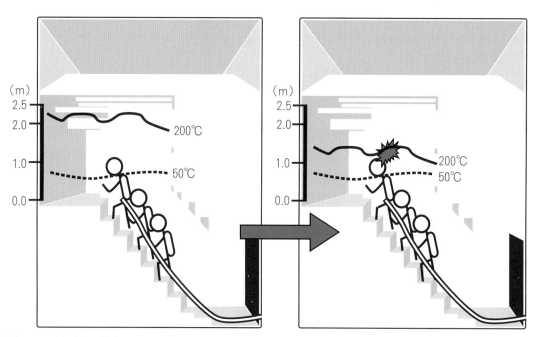

図13 天井がない場合の、2階部分の温度変化状況　　図14 火災が拡大した2階部分の温度変化状況

⑸　活動上の留意事項

　　以上の検証結果を踏まえ、耐火造、防火造、木造にかかわりなく、気密性が高く、階段室などが空気の流入経路となる建物などでの消防活動は、次の事項に留意すること。

⑴　高熱環境下に進入する場合は、援護注水のもとに進入すること。

　　　火災性状は時間経過とともに変化するものであり、高熱環境下に急激に変化する場合が多いことから、複数の注水隊形を整えて活動を開始することが必要であり、特に、援護注水隊形は必ず整えて進入を図るものとする。

⑵　完全着装時の活動で熱気を感じた場合は、外気はかなり高熱になっている。部隊を必ずいったん退避させること。

　　　個人装備品は熱から身体を防ぎょする材質や機能を有しているが、どんな高熱環境にも耐えられるというものではない。熱気を強く感じる場合には、着装の仕方に不備があるか、装備が損傷する程の熱環境下に置かれている場合もあることから、必ずいったん退避すること。

⑶　熱気を排出するため、消防活動と併せ屋根や開口部の破壊も考慮すること。

⑷　延焼中の火災現場は常に高熱環境下にあることを前提とし、不用意に立ち上がると熱傷を受けることを認識すること。

　　　本事例にあるように、火災性状の変化により、高低間隔が狭い範囲で温度変化の幅が大きくなる場合があり、姿勢を低く保ち活動すること。

⑸　階段で上階に進入する場合は、中小隊長は先行する隊員と後続する隊員の位置により、活動環境が異なる場合があることを認識し、隊員の行動及び資器材・装備の変化等に細心の注意を払うとともに、強い統制と隊員相互の連携を図ること。

⑹　天井裏に火が入った場合、火炎伝播が早く、背後から急激に濃煙熱気が襲うことがあることから、内部進入隊員相互の連携を保ち、絶対に単独行動はしない、させないこと。

⑺　熱気層（煙層）に対するむやみなストレート注水は、高温の気体を床上近くまで拡散させ隊員に危険を及ぼす可能性があるので留意すること。

⑻　天井付近の高温層に向けた噴霧注水をすることにより、熱バランスを崩さずにフラッシュオーバーを遅らせることができる。

⑼　熱気層（煙層）に対する危険性の認識や感受性を強くもち、火災性状の知識及び判断力を養うとともに、消火技術の向上に努めること。

2　熱傷2

(1)　事例概要

H小隊員は、K中隊第2小隊員1番員として救助指定区域の火災に出場した。

最先で現場到着した時は、住宅2階部分が延焼中であった。中隊長の命令により、救助線ホースを延長、小隊長と2番員で搬送した三連はしごにより、ホースを持って登ていした。

窓を開放した時に、急激な熱風（バックドラフト）が噴出し、上半身が火炎に煽られ熱傷を負った。

(2)　受傷に至る活動概要

ア　受傷程度

面体下の下顎部と首にかけての熱傷（中等症）

イ　活動概要

㋐　現場到着し、H隊員は出火建物に50mmホース1線を延長、小隊長と2番員は三連はしごを搬送した。

㋑　小隊長と2番員は、延焼中の窓横にはしごを架ていし、H隊員は小隊長の命令により面体を着装しノズルを抱え登ていした。

㋒　窓が閉まっていたので、作業姿勢をとりガラス越しに中を確認したときは、煙は充満していたが炎は見えなかった。

㋓　右手を伸ばし窓を開け、熱気の確認をし、窓の正面からてい上放水の準備をしていたとき、火炎が急激に吹き出し受傷に至った。

ウ　出火建物焼損程度

防火2／0住宅　建40㎡　延90㎡のうち2階40㎡焼損（半焼）

(3)　火災性状からの検証

本事例は、閉鎖状況にあった火災室内の開口部を、隊員が開放したことから、空気不足のため不完全燃焼状態にあった火災室内に急激に空気の供給が行われ、バックドラフト（爆発的燃焼）が起きたものと考えられる。

バックドラフト発生前

・酸欠状態
・高温
・燻焼状態
・高濃度の可燃性ガスの集中

バックドラフト発生後

・新鮮な空気の流入により、爆発的に燃焼する。

　バックドラフトの発生は、火災室内が閉鎖されていること、酸欠状態ではあるが可燃性の熱分解ガスが過剰に蓄積されていること、新鮮な空気の流入があることの三つが要件であり、新鮮な空気の流入により急激に爆発的に燃焼するものである。

　この発生機構とそれに伴う条件を、消防職員はよく認識することが重要である。

　バックドラフトやフラッシュオーバーは、「経験した時は重大な事故」になることから、経験することのないよう火災性状とその対応策について、隊長・隊員を問わず十分に教育・訓練しておくことが重要である。

　次に、バックドラフトの前兆現象についてであるが、以下の三つが挙げられる。

---

① 煙が小さな開口から息継ぎをするように間欠的に出ており、黒煙が黄色味を帯びた灰色に変わる。
② 内部は極端な熱気があり、燻焼状態で火炎は見えない、若しくは小さい。
③ 開口部を開放した時、開口部の下部に急激な空気の吸い込みが見られる。

　今まで挙げてきたバックドラフトに関する理論を踏まえ、バックドラフトに対する消防活動上の対応策を次のようにまとめた。

［消防活動上の対応策］
①　むやみに開口部を開放しない。
②　破壊又は開放等により開口部をどうしても設定する場合は、援護注水のもとで、必要最小限度とし、指揮本部長の統制下で実施する。破壊はできるだけ小破壊とし、徐々に行う。
③　筒先部署は姿勢を低くし、遮蔽物に身を隠す等絶対に開口部正面を避け、脱出手段も講じておく。
④　進入時には、防火衣を完全着装し、防火帽、しころ等を活用して身体の露出部をなくし、空気呼吸器の面体を着装する。開口部を開放した時、開口部の下部に急激な空気の吸い込みが見られる場合には、迅速に退避すること。

(4)　心理的分析による検証

　　事故が発生したときには、事故に至る様々な要因（以下、「**背後要因**」という。）がある。

　　例えば、瓦礫やガラス又はホース等が散在する現場、延焼拡大現場、危険物や毒劇物の災害現場などの活動環境やその状況、知識不足、技術不足、判断ミスなどといった人間行動、高温多湿、低温乾燥、嵐や津波などといった自然環境、慌てた、過信した、油断したなどの心理面などといった要因が挙げられる。

　　ここでは、受傷事故に至った人間行動を「**バリエーション・ツリー・アナリシス**」により分析し、その結果をもとに「**背後要因の分類リスト**」を用いて、人間行動に一番影響を及ぼす**心理的背後要因**を明らかにして事故を分析することにする。

ア　バリエーション・ツリー・アナリシス（以下、「VTA」という。）による事故分析

「VTA」とは
　　通常どおりに作業が行われ、通常どおりに事態が進行すれば事故は発生しないとの観点から、通常とは異なる判断や行動・状況を事故要因ととらえ、これらの要因の相互関係を時系列で示し、対策や特定すべきポイントを明確にすることを目的とした分析手段である。

　　本受傷事例について「VTA」分析を実施すると以下のようになる。

＜VTA分析＞

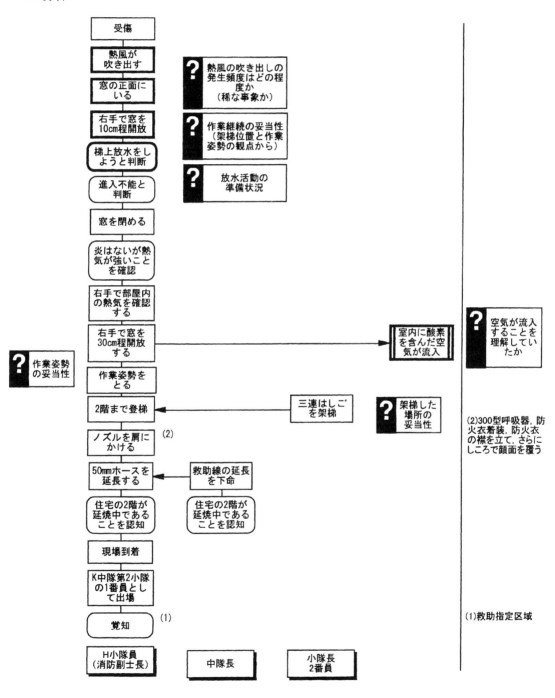

イ　背後要因分析

前(1)のVTA分析結果をもとに、下表に示す「背後要因の分類リスト」を用いて、本受傷事故事例の心理的背後要因を明らかにした。

表　背後要因の分類リスト

	No.	項　　目	内　　容
心理	1	気負い・使命感	やり遂げようという思いがあった。
	2	焦り・急ぎ・慌て	早くしなければと思った。
	3	面倒・近道行動・省略行動・手抜き	煩わしく思った。
	4	危険性の過小評価・予測の幅の狭さ	こんなはずではないと思った。
	5	過信（体力・技量・状況判断・資器材）	自信があった。
	6	不安・自信がない・恐怖	できるかわからないまま行動した。
	7	油断・不注意・気軽・安易	大丈夫だと思った。
	8	一点集中・目前の事象にとらわれる	周囲が見渡せていなかった。
	9	先入観・思い込み	他に考えが及ばなかった。
	10	慣れ	いつものことと思った。
	11	無意識行動・習慣的行動・反射的行動	何も考えず衝動的に動いた。
生理	12	（活動開始時における）覚醒水準の低下・疲労の蓄積した状態	何となくぼんやりした。
	13	加齢に伴う機能低下	年のせいに感じる。
	14	疲労（緊張の継続・体力の消耗・身体的負担が大きい）	辛い活動と感じた。
	15	（活動時間の超過に関連する）集中力の低下・忘却	疲れで緊張感がなくなった。
	16	無理な姿勢での活動	無理やり行った。
チームワーク	17	上下関係（無理な頑張り・進言できない・面子・信頼）	我慢してしまった。
	18	経験不足・知識不足	手に負えなかった。
	19	コミュニケーション不足・連携の悪さ	息が合わなかった。
	20	無理のある実施方法（乱暴・丁寧さに欠ける・計画に無理がある）	活動内容が能力を超えていた。

※　背後要因の分類リストは、航空、建設、医療、プラントの分野における事故分析の先行研究を参考に、各界の有識者らにより作成された100項目程度のリストを、「心理学から見た消防活動現場における安全管理の在り方研究会」において、心理学、人間科学等の専門家を含めた検討の中で、消防活動に影響を及ぼす背後要因を抽出・精査することを目的として、表で示す20項目に集約し作成されたものである。

背後要因の分類リストに照らして分析した結果、本受傷事故事例における心理的背後要

因を抽出しまとめると、次表のとおりであった。

該当する背後要因リスト	具体的心理要因
1　気負い・使命感	○屋内進入の筒先を任されたので進入するぞと気負った。（1番員）
4　危険性の過小評価・予測の幅の狭さ 7　油断・不注意・気軽・安易	○多少炎が噴出しても完全着装していれば、大丈夫だと判断した。（1番員） ○室内の状況で「火炎が見えない」ということなので、油断してしまった。（中隊長）
18　経験不足・知識不足	○窓を開け、できる限り早く放水を開始しなくてはならないと思った。（1番員） ○バックドラフトなんて見たことがない。（中隊長） ○バックドラフトの危険があるなんて思わなかった。（1番員）
19　コミュニケーション不足・連携の悪さ	○下にいる中隊長からは、ただ「気を付けてやれよ」としか言われなかったので、「落ちるなよ」と言っていると思い、作業姿勢に気を入れた。（1番員） ○吹き返し、転落等を含んで「気を付けろ」という意味であったが、言葉が足りなかった。（中隊長） ○はしごを確保することで、1番員の行動に注意していなかった。（2番員）
20　無理のある実施方法（乱暴・丁寧さに欠ける・計画に無理がある）	○窓を開放する際、正面に位置していたが、架け変える間はないので、そのまま行動してしまった。（1番員） ○窓の正面に位置していたが、そのまま行動させてしまった。（中隊長）

　　以上に掲げたとおり、人間行動の背景には、「うっかり」、「油断」、「不注意」等の心理的な要因が深くかかわっていることがよく分かり、こうした心理的背後要因を踏まえた安全対策を構築することが重要である。

⑸　今後の留意事項

　ア　火災性状及び心理的分析による検証結果を踏まえ、対応策を構築し訓練を実施していく必要がある。

　イ　隊員は、技能の習得に努めるとともに火災性状についての知識の習得にも努めていく必要がある。

　ウ　各級指揮者は、火災性状及び心理的分析による検証結果を踏まえ、対応策を構築するとともに、指揮活動に反映させる。

3　熱中症

⑴　事例概要

　　A消防署裏庭において消防活動訓練中、B中隊長はC副士長の様子が変なので声を掛けたところ、「少し気分が悪い」とのことなので休息を命じた。しかし、時間が経過してもC副士長の体調は、回復するどころか顔面蒼白となり吐き気がするまで悪化した。

　　その日は大変蒸し暑く、中隊長は熱中症と判断して、C副士長を救急隊にて病院へ搬送させた。

⑵　受傷に至る活動概要

ア　受傷概要

　　　熱疲労（中等症）

イ　活動概要

　㋐　9月初旬のまだ残暑厳しい午後1時30分から準備運動を15分行った。

　㋑　一息ついた午後2時00分から消防活動訓練を実施した。

　㋒　訓練内容は中隊活動訓練で、C副士長は2階ベランダに三連はしごを活用し進入した後、2階のフロアを検索し要救助者を救出した。その後、背負い救出でダミーを指揮本部に搬送した。

　㋓　想定は数分後に終了となり撤収作業に移行した。

　　　C副士長は、ホースを片付けている際に気分が悪くなったが、休憩をとらず作業を継続した。

　㋔　訓練は、完全着装で水を出しての実戦訓練であった。

○　熱中症について

　受傷事例の問題点や原因分析の前に「熱中症とは何であろうか？」を明らかにする。

① 熱中症とは、

　　人間の身体は、産熱機構（熱を生み出す機構）と放熱機構（熱を逃がす機構）により一定範囲の正常体温に維持されている。しかし、高温度・高湿度の環境において身体活動を継続して行うと、放熱機構が十分働くことが困難と（追いつかなく）なり、異常な体温上昇、脱水症、循環機能不全等が発生し、これらを熱中症と総称している。

② 一般的に熱中症は、症状から表13で示すとおり、3つに分類される。

表13　熱中症の症状・治療と分類

分　類	症　　　状	重症度	手当、治療
Ⅰ度	めまい・失神（立ちくらみ） 筋肉痛・筋肉の硬直（こむら返り） 大量の発汗	小	通常は、入院を必要としない。安静、経口的に水分と塩分の補給
Ⅱ度	頭痛・気分の不快・吐き気・嘔吐・倦怠感・虚脱感	中	入院が必要な場合もあり経口摂取が困難な時には、点滴治療が有効
Ⅲ度	意識障害・痙攣・手足の運動障害 （呼びかけや刺激への反応がおかしい、体がガクガクとひきつけがある、真直ぐに走れない・歩けないなど。） 高体温	大	集中治療が必要

熱中症の実態調査― Heatstroke STUDY 2006 最終報告―　日本救急医学会雑誌

③　熱中症の起こり方

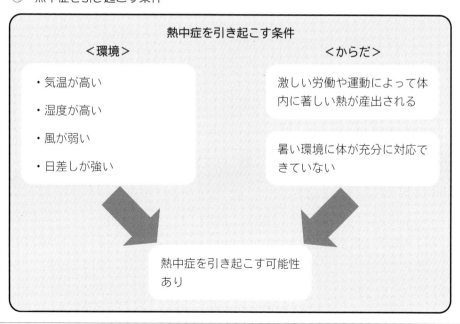

平常時

暑い時・運動や活動

体温上昇

熱放散　　　熱放散

体温調節反応

発汗　　皮膚に血液を集める（皮膚温上昇）

汗の蒸発　　　外気への熱伝導

異常時

体のバランスの破綻

体に熱がたまる（体温上昇）

熱中症

環境省「熱中症環境保健マニュアル2009」

④　熱中症を引き起こす条件

熱中症を引き起こす条件

＜環境＞

・気温が高い

・湿度が高い

・風が弱い

・日差しが強い

＜からだ＞

激しい労働や運動によって体内に著しい熱が産出される

暑い環境に体が充分に対応できていない

熱中症を引き起こす可能性あり

⑶　消防活動と熱中症

　　産熱量は運動強度に比例して大きくなり、熱を冷ますための放射機構は、産熱量が大きくなればなるほど、効果の割合が小さくなってしまう。このように、産熱量の急激な増加に対し、放熱効果が小さくなることでバランスが崩れて熱中症は発生する。

　　また、産熱量は、運動強度が一定の活動を行った場合、外界の環境（気温、湿度、輻射熱の三因子を取り入れた指標）によって大きくなる。

　　消防活動は、非常に高い強度の作業であり季節を選ばない。特に、夏場の高温・高湿度の環境下での活動は、熱中症の発生危険が非常に大きいといえる。

　　また、消防活動時に着装する防火衣は、火炎防護性能及び安全性に非常に優れている反面、身体活動による産熱の蓄積を増加させ、放熱を遮断することにより放熱量を低下させる作用を促進し、運動強度を増加させることから、防火衣を着装して活動を行う場合は、特に警戒が必要である。

⑷　熱中症対策

　ア　熱中症危険

　　　通常の消防活動においても熱中症の発生危険はあるが、ここでは、高温・高湿度環境下における熱中症発生危険について厳重に注意が必要とされる場合を、次のようにまとめた。

ア　火災室又は濃煙熱気内への進入等、特に高温に曝露する（曝される）場合。

イ　活動が長時間に及ぶ場合。

ウ　災害出場直前に訓練・演習又は体力錬成等を実施していて、体温上昇、発汗等の身体的負担がある場合。

エ　日射が特に強い中での活動となる場合。

オ　年齢の高い隊員、体力水準の低い隊員がいる場合。

カ　下痢、発熱、風邪等の体調不良な隊員がいる場合。

　イ　対策

　　㋐　熱中症の知識をもち対処法の知識・技能をもつ

　　　　熱中症は重症になると死に至る場合もあるということを認識するとともに、熱中症の知識とその対処法の知識・技能を有しておく必要がある。

　　　　また、消防職員は「つらい」、「気持ちが悪い」等を「がまんする」、「耐える」というところがあり、「きつい」「つらい」と申し出たときは相当な症状になっていることが多いということを、隊長等はよく認識しておく必要がある。

　　　　本事例の第1の問題点はここにあり、B中隊長はC副士長の様子が変であったことを発見し、「気分が悪い」ということを聞いたときには、熱中症をすぐに疑い、適切かつ迅速な対応をすべきであったが、休息を命じたにすぎなかった。

　　　　本事例のような高温環境下において完全着装での活動訓練を実施している場合や前アで示した事項に当てはまる場合には、「熱中症になりやすい」ことを強く認識する

とともに、気分が悪くなったら「がまん」などしないで、すぐに申し出ること。

　次に、熱中症が発生したときは、表13（Ｐ72参照）に示すとおり、迅速かつ適切な応急処置を行う。

(イ)　冷却ベストの着用

　夏季に限らず冷却ベストを車両に積載し、できるだけ早く着装できるように配意する。また、冷却剤は休息時の身体冷却や訓練時においても積極的に活用する。

　本事例においては冷却ベストを着用していなかった。

　第四研究室での実験（平成11年10月下旬～11月上旬）によれば、温度30℃、湿度60％の環境（夏期の平均気温・湿度に設定）において、防火衣、執務服、冷却ベスト、防火衣の上衣前面開放の４条件で、自転車エルゴメーター（エアロバイク）を負荷値100w、60回転／分で駆動させ、40分後の体温変化を測定した結果、防火衣着装に対して執務服では0.7から0.9℃、冷却ベスト着用では0.1から0.3℃、防火衣上衣の前面開放では0.2から0.3℃の体温低下がみられた。身体の正常体温可変域が５℃であることから、人体にとって非常に大きな効果であることが分かった。

　このことから、各級指揮者は冷却ベストの着用を指示すること。

(ウ)　防火衣の上衣前面開放

　防火衣は身体活動による産熱の蓄積を増加させ、放熱を遮断する作用があるが、防火衣の上衣前面開放は、前イの文中の実験結果で述べたとおり、熱の放熱を促進させ熱の蓄積を軽減させる方法として非常に効果的であることが明らかになった。

　このことから、各級指揮者は消防活動中においても、安全が確保できる場合は、積極的に防火衣の上衣の前面を開放させること。

(エ)　水分・塩分補給

　熱中症の一番大きな原因となるのが脱水症である。

　人の身体の大部分は水分で構成されており、スポーツ時の熱中症予防について研究する横浜国立大学の田中英登教授は「体重の２％に相当する量の脱水が起きると熱中症が発生しやすい」と述べている。

○ 脱水症について

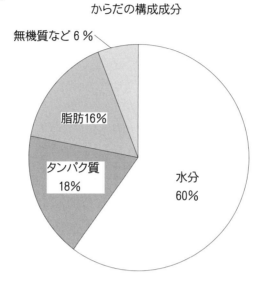

からだの構成成分

無機質など 6 ％

脂肪16％

タンパク質 18％

水分 60％

① 　身体の構成成分

　　上記のグラフで表したとおり、水分は身体のおよそ60％と非常に多くの割合を占めていて、例えば、体重70kgの成人男性では約42ℓ（約42kg）もの量が水分で占められているということになる。

　　また、そのうち１日2.5ℓの水分が出し入れされバランスを保っているが、出し入れしている水分量の構成は、②の図のようになっている。

② 　水分出納量の構成

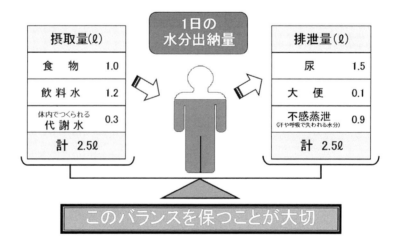

摂取量(ℓ)	
食　物	1.0
飲 料 水	1.2
体内でつくられる 代 謝 水	0.3
計　2.5ℓ	

1日の 水分出納量

排泄量(ℓ)	
尿	1.5
大　便	0.1
不感蒸泄（汗や呼吸で失われる水分）	0.9
計　2.5ℓ	

このバランスを保つことが大切

③　②のバランスが激しい運動や暑熱環境等により崩れたときを脱水状態という。

　　この脱水状態を解消するために水分補給を行う必要がある。摂取された水分は体液となって全身をかけめぐるが、体液の主な役割については、次のとおりである。

④　体液の主な役割

　　a　体温調節…………汗で熱を逃がす（放熱作用）ことにより体温を一定に保つ。

　　b　運搬……………酸素や栄養分を細胞に届け、老廃物を尿として排出する。

　　c　体内の環境維持…身体がスムーズに働けるように体内の環境を一定に保つ。

⑤　体液の成分

　　体液を構成している成分は水分だけではない。

　　体液は、水分と電解質で構成されている。

　　電解質とは、水に溶けると電気を通す物質のことで、ナトリウム、クロール、カルシウム、マグネシウムなどの「ミネラル」がイオンに姿を変えたものである。

　　その中で特に、ナトリウムイオン（Na^+）は、体内の水分量を調節する働きを行い、その働きをスムーズに行えるように助けているのが、クロールイオン（Cl^-）であり、汗によって特に失われるイオンである。ナトリウムイオン（Na^+）とクロールイオン（Cl^-）は、塩化ナトリウム($NaCl$)いわゆる食塩が水分に溶けてイオン化したものである。

　　このため、大量の汗をかいたときには、塩分補給が水分補給と並び重要となってくるのである。

　　また、塩分補給をせず、水分補給のみ行うと、次のような自発的脱水を引き起こしてしまうことがあるので注意すること。

⑥　自発的脱水

　　大量に汗をかいた時などには、不足した体液量を補うために、のどの渇きが起こる。この時、水だけを飲むことによって体液が薄まり、からだがそれを防ぐためにのどの渇きを止め（防衛機能）、水分補給を拒否しようとする。

　　その結果、体液が不足して脱水状態になること。

　　　　上記の参考説明に記載したように、水分補給、塩分補給は非常に重要な意義をもっており、補給を怠り、脱水状態を放っておくと熱中症に陥ることになる。

　　　　次に水分補給の仕方についてまとめた。

［訓練における水分補給］

①　訓練時の水分補給は、訓練開始30分程度前に事前に補給する。

　　のどの渇きは脱水後直ちに起こるのではなく、脱水に対する口渇のメカニズムが働くまでには時間の遅れがあり，「のどの渇きに気づいた時にはすでに脱水状態が進んでいる」ことから、事前に補給しておく必要がある。

②　訓練開始前の事前水分補給の量は、真水で250㎖～500㎖を目安とする。

③　訓練開始後は15分から30分間隔で少量（100㎖～200㎖）を補給する。

　　一度に大量の水分を補給しても吸収速度の関係から非効率であり、胃の負担につながる。

　　補給飲料の種類は、訓練の強度・量又は環境の温・湿度の高低にもよるが、時間的に短く快適な環境下で、楽しみながら行う内容（結索等）の訓練であれば、水で十分である。

　　しかし、炎天下や強度の強い活動訓練のように大量の発汗を伴った訓練の場合には、塩分補給（0.1%程度の食塩水又は市販のスポーツドリンクを薄めにしたもの（※）を飲む）を行う必要がある。

（※）　スポーツドリンクには糖分が含まれていて、そのままでは濃度が高く、水分吸収速度が遅くなること、また発汗による水分と電解質の損失量は、水分量の方が多いため、倍くらいに薄めて水分と電解質の量のバランスを整える必要がある。

---

④　水分補給の給水ポイントを確保し、そこにはポリタンク、個人的なペットボトルに水又は薄めたスポーツドリンクを入れ、塩、冷やした冷却用タオル等を配置しておく。

［災害活動における水分補給］

①　署で待機中、常に水分補給を心掛け、脱水状態を作らないようにする。

　　事務をしている際にも傍らに水を入れたペットボトルを携行し小まめに飲んでおくとよい。

②　覚知から活動開始前の間に500mℓの真水を事前に補給する。

　　防火服等を着装し、車内で水分補給を行う。特に、訓練又は炎天下での作業中や訓練等終了直後からの出場に際しては絶対に行うこと。

　　このためには、あらかじめ出場に備えて、個人的にペットボトルを準備しておくか、組織的に用意しておくこと。

③　活動が炎天下で長期（30分以上）に持続するなど、大量の発汗を伴う活動となる場合は、活動の合間を縫って水分・塩分補給を行う。

　　消防活動中に水分補給を行うことは難しいが、指揮者が水分補給をできるように配慮をすること、各隊員がペットボトルを携行している、小隊ごとに配置しておくなどの体制を整えておく。

［その他］

　　訓練終了時及び消防活動終了時には、次の災害に備えるため、エネルギー補給を行う。100%オレンジジュース、スポーツドリンク（薄める必要はない。）を飲むなど水分とともに糖質を補給する。

4　筋等の外傷

⑴　事例概要

　　本事例については、特定の事例及び受傷名を例示せず、消防訓練中に特に多発している筋・関節・腱などの外傷を総括して扱っていくものとする。

⑵　消防訓練外傷

　　外傷とは、主に整形外科領域で取り扱われる用語であり、外からの大きな力、強い力などの機械的作用あるいは寒冷・高温・気圧などの物理的病因作用によって起こる損傷（直達外力による損傷）、過度又は急激な動き、能力を超えた強い運動による間接的作用による損傷（介達外力による損傷）をいう。

　　スポーツ医学の領域では、スポーツ外傷として、スポーツの種目別に特有に起こる外傷を専門的・体系的に明らかにし、早期に実りの多い治療法や予防法を生み出していくことに取り組んでいる。

　　この考え方を消防に置き換えて考察すると、災害活動現場での外傷形態は、災害形態が多様化していることから様々に及ぶが、消防訓練に着目すると、消防活動や救助活動の基本的訓練動作は形式化されていることから、消防訓練特有な外傷形態が存在すると考えられる。

　　本事例対策においては、消防訓練特有な外傷形態を抽出し「消防訓練外傷」として体系づけることにより、効率的・効果的な予防策を明らかにしていくこととする。

　　このため、以下の項からは消防訓練における受傷事故分析を行い、消防訓練外傷について明らかにするとともに、消防訓練外傷に対する予防策を具体的に示していくものとする。

⑶　消防訓練（演習含む）における受傷事故の分析

　　平成17年中の消防訓練中の受傷事故は、年間受傷事故（公務中の事故）割合でも災害活動中の受傷事故（約32％）と並んで非常に多く、全体の約27.5％を占めていた。

　　そこで、消防訓練中の受傷事故についてまとめると次のようになった。

ア　消防訓練中の受傷事故を原因別にみると、「**動作の反動・無理な動作**」による原因の割合が一番多く、約57％を占めていた。

　　「動作の反動・無理な動作」による損傷とは、動作に伴う反動や無理（過度）な動作による捻挫、肉離れ等の損傷ということになるが、もう少し掘り下げてみると、例えば「無理な動作」ということであるが、「なぜ無理な動作になったのか？」という様に、そこには幾つかの誘因が加わっているはずであり、おおよそ、次表に示すような誘因が「無理な動作」の背後に内在していることが考えられた。

```
ア　準備不足
イ　不熟練
ウ　不可抗力
エ　訓練不足
オ　緊張の欠如
カ　自己能力の過信
キ　調子が悪かった
```

（現代保健体育学大系8運動医学・大修館書店・「運動外傷の原因」による）

イ　受傷部位別にみると、「**腰部・下肢**」部位の受傷割合が一番多く、約43％を占めていた。

ウ　消防訓練の特色と外傷種別

　　前ア、イの結果については、次のような消防訓練の特色によるものと考えられ、以上を踏まえて消防訓練外傷種別を整理した。

㋐　消防訓練は、敏捷な動作、特に静から動へ、動から静へのクイック的動作が多く、「止まった状態から素早く走る。」、「走ったら、急に止まる。」、「急に方向転換する。」、「ロープ結索したら、すぐに駆け登る。」などのスピードを伴ったクイック的動作や反転動作は、下肢の筋や足首・膝関節に大きな過負荷が加わり次のような外傷を引き起こす。

> 　特に、①ひ腹筋断裂、②膝側副靭帯損傷、③足関節捻挫、④アキレス腱断裂、⑤下肢の筋肉の肉離れ（医学的俗称であるが、皮膚組織損傷がなく筋組織だけに損傷がある場合をいう。）などが多く、訓練種別では、救助大会の各訓練種目、はしご操法、ホース延長訓練などによる。

㋑　消防訓練では、防火衣、長靴等を着装することで、動作が阻害され、筋の柔軟性、関節の可動域に抑制力が作用するため、次のような外傷を引き起こす。

> 　特に、①椎間板ヘルニア、②腰痛、③下肢の筋肉の肉離れ又は筋けいれんなどが多く、訓練種別では、防火衣着装しての消防活動訓練などによる。

㋒　消防訓練では、約20kgもの装備を身体に負荷されている上、消防資器材を持って階段を上がったり、地上を走ったりすることや重量のあるダミー人形を担ぐ、抱える、背負う等の重量物による外力により、腰や下肢の筋や関節等に過負荷が加わり損傷を引き起こす。

> 　特に、①ひ腹筋断裂、②膝側副靭帯損傷、③足関節捻挫、④アキレス腱断裂、⑤下肢の筋肉の肉離れ、⑥椎間板ヘルニア、⑦腰痛などが多く、訓練種別では、消防活動訓練、救出・救護訓練などによる。

(4)　予防策

　前(3)における分析結果を踏まえ、消防訓練外傷の予防策を考察していくものとする。

　外傷を予防するためには、外傷の原因を解消することが必要であり、消防訓練外傷の一番の原因となっているのが、「動作の反動・無理な動作」であり、この原因にはいくつかの誘因が加わっており、主なものとして、前(3)、アの表中において七つを挙げた。

　そこで、この七誘因を解消することにより、予防策を打ち出していくものとする。

ア　準備不足の解消

　　災害活動は不時に起こるものであり、事前にウォーミングアップを行い運動機能の促進を図って準備しておくことは不可能であるが、訓練においては事前にウォーミングアップを行うことが可能であり、また必ず行っている。

　　しかし、行っているにもかかわらず損傷に至る原因は、一つにはウォーミングアップの行い方に問題があると考えられることから、以下の表にまとめたウォーミングアップ理論を参考に、各運動機能の促進を図り、訓練前の準備を十分に行っておくこと。

○　ウォーミングアップ理論

　通常、ウォーミングアップというと、柔軟性の促進を図ることだと思われがちであり、実際に訓練前の準備段階で運動を実施している光景を見ても、ストレッチングや体操だけに終始している姿が多く見受けられる。

　しかし、ストレッチングや体操だけでは、消防訓練のような身体的負荷が大きい全身運動を、円滑かつ安全に身体が反応できるように準備するという目的を達成するには不十分であり、身体の損傷（けが）防止に十分に効果があるとは言い難い。

　そこで、ウォーミングアップの目的や方法等について解説する。

1　ウォーミングアップの目的
　(1)　筋温の上昇
　(2)　柔軟性の促進
　(3)　平衡性の促進
　(4)　敏捷性の促進
　(5)　筋力の促進
　(6)　持久性の促進

2　方法
　(1)　筋温上昇

　　　筋が冷えて硬直した状態で柔軟運動をしても逆効果である。このため、ウォーミングアップで最初に行うことは、筋温を上昇させることである。

　　　筋温を上昇させるためには、筋内の毛細血管に血液を送り込み、血流を促進させることである。このためには、**ジョギングなどの軽い全身運動を３分から５分行うことである。**この際の強度は、隣の人と笑いながら会話ができるペースで行う。

　(2)　柔軟性の促進
　　ア　硬い筋による障害

　　　　身体の動きは、筋線維が収縮することにより生じる。

　　　　筋線維は、収縮後に元の長さに戻る（弾性）が、使い過ぎ、頻繁に収縮を繰り返して

いると弾性を失って短縮して硬くなる。

このときにさらに強い力で収縮を行ったり、変則的な動きをしたりすると、炎症や肉離れを起こし、筋断裂の障害を引き起こす。

よく使う筋、よく使った筋は、重点的に**ストレッチング**をして柔軟性を促進させる又は回復を図っておくことが障害防止につながる。

イ　ストレッチング

ストレッチングというと静かに筋を伸ばし、その状態を維持するものが一般的にイメージされるが、広義では動きを伴った体操も含まれ、前者を**静的ストレッチング**、後者を**動的ストレッチング**という。（呼び方は様々あるが、ここでは以上の呼び方を採用する。）

①　目的

目的は、専門的な観点から挙げれば数多くあるが、一般的に言って以下の三つが挙げられる。

a　筋・腱・靱帯の損傷を防止する。

b　筋の伸張

c　関節の可動域を大きくする。

②　留意事項

［静的ストレッチング］

a　実施前にはジョギングなどを軽く行い、筋温を上昇させるとともに、大きな背伸びをして、心身のリラックスをする。

b　身体が温まっているうちに静的ストレッチを先に行う。

c　反動をつけずにゆっくり伸ばす。

d　強い痛みを感じない最大伸展姿勢をしばらく（※）保持する。

（※）筋の伸展保持の時間は**30秒以上**とする。

筋には**伸張反射**機能があり、伸張反射とは、筋が過度に引っ張られると、筋の中にある筋紡錘という感覚装置（レーダーのアンテナの役目）が働いて、筋が伸ばされることによる損傷を防ごうとし反射的にその筋を収縮させることである。

したがって、自分ではストレッチによって筋を伸張させているつもりでいても、実は最初のうち、筋は伸張反射によって収縮していることになる。

伸張反射は人によって時間の違いはあるが、反応時間は最初の10秒から馴染む時間を含め20秒程度であるといわれる。

このため、ストレッチは伸張反射を緩和するため、ゆっくりと伸張していき、保持は伸張反射反応時間を考慮し30秒以上時間をかけて行うようにしなければならない。

e　伸張を2段階で行う。

伸張反射を踏まえ、最初は楽な伸展姿勢（easy stretch）で30秒、次に少し強いストレッチを30秒すると安全かつ効果的である。

f　ストレッチ中は呼吸を止めない。

自分でゆっくり数を数えながら行うと良い。

g　訓練で特に使用する部位を重点的に行う。

全身の主要な筋をストレッチし、次にその日の訓練でよく使用する筋を重点的にストレッチする。

特に、消防訓練で特有な外傷部位として判明した「腰・下肢」の筋、関節、腱を

十分ストレッチする必要がある。
　　h　正しい姿勢で、伸ばそうとしている部分を意識して行う。
　　　間違った姿勢で行うのは逆効果であるので、指揮者は参考図書等をよく研究して指導する。
　　i　ストレッチング種目は効果的な種目を選択し、全体の実施時間を長くしない。
　　　身体が冷えて筋温が下がってしまっては筋の伸展にかかわる負担が大きくなる。冬場の寒い環境下で行う場合は、特に留意する必要がある。
　［動的ストレッチング］
　　身体の柔軟性能力は、静止した状態で求められるわけではなく、運動や作業といった活動を円滑に行う上で必要とされる能力である。
　　このことから、最近は体操のように動きを伴った動的ストレッチングが見直されている。
　　また、筋温が静的ストレッチングを実施している間に下がってくるため、静的ストレッチングの後に、動的ストレッチングを実施しゆっくり大きな動きを行うことにより関節の可動域を広げるとともに筋の血流を活性化させることにより柔軟性を促進する。
(3)　平衡性の促進
　　平衡性とはバランス能力のことであり、身体の重心バランスを整えることは消防訓練を行う上で、動きの質を向上させるために効果的な能力である。
　　また、平衡性能力は神経系の働きが強く関与していることから、消防訓練の前に、神経系の働きを活性化させておくことは、外傷防止の観点からも非常に有効である。
　　そのため、**閉眼片足立ち等を2から3セット行う。**
　　両腕を地面と水平に上げ、目を閉じて片足立ちを行う。
(4)　敏捷性の促進
　　消防訓練は、素早い動き・機敏な動きを多く要求される。
　　また、消防訓練外傷の多くは、素早く機敏な動きを行う際に受傷していることから、外傷防止策として、ウォーミングアップの中で促進すべき運動機能であるといえる。
　　さらに、敏捷性能力も　前(3)の平衡性能力と同様に神経系の働きが強く関与していることから、短い時間（神経系は疲労が早く、活性化させる場合の有効時間は、10秒から長くとも15秒くらいの間であるため）に全力で単純動作を反復する運動を行う。
　　運動の内容は、消防訓練外傷の多くが腰・下肢の筋・関節・腱の損傷であることから、**「10秒間その場ステッピング」**（身体の力を抜き、全力スピードでその場ステッピングを10秒間行う。）、**「10秒間馬跳び」**（馬役の背中に手をつき開脚で跳び越したら、素早く振り向き繰り返し、10秒間全力で行う。）、**「ダッシュ・ターン」**（合図により走り、次の合図により方向変換し走る運動を10から15秒間行う。）等、すべて又は選択して行う。
(5)　筋力の促進
　　消防訓練では、防火衣・空気呼吸器の着装、資器材の搬送、訓練用人形の搬送など筋力を発揮した活動が多く、消防訓練外傷においても筋・関節・腱などの損傷が多いことから、ウォーミングアップの準備段階において、筋力発揮機能の促進を図っておく必要がある。
　　とはいうものの、ウォーミングアップの中で求める筋力の促進は、筋力アップを図るための筋力トレーニングではない。
　　簡単にいうと、①筋神経に刺激を与え、②筋温の上昇を図り、③筋骨の滑液を分泌させ筋骨の曲げ伸ばしの円滑化を図ることによって、筋をリフレッシュさせておくということ

である。

　　したがって、①腕立て伏せ、②シットアップ（腹筋）、③背筋運動、④スクワット等、自己の体重を負荷にした軽運動を適度に行うようにする。

　　特に、腹筋、背筋、スクワット運動は、消防訓練外傷の多発受傷部位にかかわる運動であるため必須で行う。

⑹　持久性の促進

　　持久性は、心肺機能の働きが大きく関与している能力であり、消防職員にとって、重要な身体能力の一つで、通称スタミナと呼ばれる能力である。

　　長時間の訓練をいきなり行えば、心肺機能に大きな負担がかかり活動にも支障が生じることから、事前準備として、活動に必要な酸素を血液によって身体各部に運搬する作用を促進させておくことが必要である。

　　軽いジョギングや縄跳び等の全身運動を10分間程度行う。

　以上、ウォーミングアップの方法等を述べてきたが、ウォーミングアップは、あくまでも、次に行う消防訓練等を安全かつ円滑に行うために、身体的運動機能の準備を図っておくという位置付けの運動である。

　したがって、身体能力のレベルアップを目的とする体力トレーニングではなく、身体各機能に刺激を与えて活性化を図るという程度の軽負荷で行う。

　全体を通した時間は20分から30分以内で行う。

イ　不熟練の解消

　　不熟練には、技術面と体力面があり、双方を併行して訓練していくこと。

　技術を練磨することは、動きの合理性・効率性能力を身に付けていくことであり、身体的にいうと、巧緻性、柔軟性といった運動神経系の働きが優れてくるため、動きに力みや無駄が少なくなり外傷を予防することができる。

　　体力を錬成することは、筋力、スタミナ、パワー、敏捷性、柔軟性、バランス能力などに優れ、強靭で素早い柔らかな身体機能を作るため、外傷を予防することができる。

ウ　不可抗力の解消

　　不可抗力とは、天災地変のように通常では予防できないものという意味である。

　　使用する装備・資器材の点検整備、訓練場所の環境整備、医薬品・水分補給の準備などを身体機能の促進と併せて行っておくことにより、**不可抗力の偶発要素の減少、被害の軽減を図ることができる。**

エ　訓練不足の解消

　　隊員となってまだ日が浅い者、病気等の理由で訓練から遠ざかっていた者などは訓練不足の状態であり、この状態を生理的視点からみると、まずは神経系の働きによるもので、一般的にいう「勘」が鈍っている状態であること、次に、筋力、柔軟性、敏捷性などの基礎体力水準が低下している状態であるといえることから、**訓練を行う際には受傷しやすい状態にあると十分に自覚をして、訓練を行うことが必要であり**、事前の準備も念入りに行うこと。

オ　緊張の欠如の解消

　「ヒューマンエラー」の見地によると、「緊張の欠如」により受傷する事例は、初心者に比べ熟練者の方によく見受けられるということである。

　初心者は、習慣強度が形成されていないため、作業標準やマニュアルと首引きで仕事を行うが、熟練者は、習慣強度がすでに出来上がっており、初心者のように細部にまで気を止めないで、注意がおろそかになることがある。

　また、熟練者は、仕事に慣れてきたころには「無意識」で行動することが多くなる傾向にあるが、この場合、いつもと少し違うことが起きると、途端に失敗を起こしやすくなる。

　したがって、**訓練（この場合訓練に限らない）においては、実戦的な気持ちを常に持って、事故防止に心掛けること。**

カ　自己能力の過信の解消

　自己の能力を過信してしまう原因の一つには、自己の能力を数値的・計量的に分析して客観的に把握していないことが挙げられる。

　例えば、マラソンという競技を例にとって説明すると、「私は、フルマラソンを完走することができる」というように、ただ「○○できる」とする**概念的な自己能力の把握**と、「私の今の力量では、冬場なら3時間半で完走できるが、夏場の厳しい時期には4時間かかる。また、無理に3時間半のペースで走るとすると熱中症になってしまう。」といったように、**現状の力量を計量的にかつできることとできないことの線引きまでを含んで客観的に把握していることとでは、自己の能力を過信する危険性に大きな差が出てくることを理解すること。**

　「昔は簡単にできた。今もある程度はできるだろう。（できるはず。）」などと概念的に自己能力評価を行っている人は結構見受けられる。

キ　調子が悪い場合の対応

　体調管理に十分留意して訓練に臨むこと。また、体調が優れない場合は休息を取るか止めること。

第2　救急活動関係
1　体液曝露
(1)　事故事例

ア　事例1（血液）

　路上において、けんかによるけが人が発生し、50代のHIV感染者である男性が包丁により腹部に刺創を負ったもの。救急隊長が傷病者を観察中、血液が飛散して口唇部に付着したもの。

イ　事例2（嘔吐物）

　路上において、40代の女性が飲食店内で転倒し頭部を受傷したもの。創傷処置と固定処置を実施後に傷病者をメインストレッチャーに収容し搬送を開始したところ、搬送中に傷病者が突然嘔吐し、吐物が救急隊長の顔面に付着したもの。

(2) 血液・体液曝露とは？

　傷病者の体液が皮膚や粘膜等に付着することであり、傷病者が感染症を持っていた場合には、感染の危険がある。

(3) 観察、救急処置上の留意事項

　ア　観察の結果、血液、嘔吐物、排泄物等がある場合、また、海外から帰国して、下痢、嘔吐がある場合は、感染防止に十分配意して行動する。

　イ　感染の危険がある傷病者に対しては、可能な限り直接接触を避ける。

　ウ　救急処置に伴う血液等により手指が汚染されるおそれがある場合は、手袋を使用する。

　エ　手指に創傷がある場合は、観察、救急処置を行う前に手袋を着装し、感染防止に配意する。

　オ　救急処置に使用した手動式人工呼吸器、マスク等の直接血液等に触れて汚染された救急資器材はそれぞれ汚物袋に収納する。

　　帰署（所）後、再使用するものは、適正な消毒、滅菌等の処置を、廃棄するものは、救急廃棄物専用の回収容器に廃棄する。

　カ　感染危険のある傷病者をストレッチャーに収容する場合は、事前に救急シーツ等を活用し、ストレッチャー、救急自動車の汚染防止に努める。

　キ　搬送中の救急自動車内における嘔吐物、廃棄物等は、汚物袋に収納し、適正に処理する。

　ク　血液等が衣服に付着した傷病者の搬送に際し、付近にいる者に協力を依頼する場合は、救急隊員と同様な感染防止の措置をとる。

(4) 事故発生時の対応要領

　ア　血液、体液等で救急隊員の皮膚等が汚染された場合は、流水で十分に洗い流し消毒する。

　イ　警防本部に即報するとともに、救急隊指導医の助言を受ける。

　ウ　収容医療機関の医師に、当該傷病者の感染症の有無を確認するとともに、必要により医師の治療（予防薬の服用）を受ける。

(5) 事後処理

　ア　救急活動の記録は、救急活動記録票によるほか、救急活動の詳細、関係機関等への連絡内容、消毒の実施結果、救急隊員の健康診断結果等を記録する。

　イ　救急自動車内、救急資器材及び救急隊員の装着品等の使用後消毒を実施する。

　　なお、消毒実施時には、ゴム手袋を装着し、必要によりマスクを装着する。

　ウ　救急隊員はうがいを行い、手指を消毒する。

2　針刺し事故

(1) 事故事例

　一般住宅において、心肺停止傷病者が発生、救急隊員（救急救命士）が救急救命処置を実施中に、静脈路確保に使用した静脈留置針の内筒針をボトルに廃棄する際に、ボトルを保持していた左手母指を誤って刺したもの。

(2) 針刺し事故とは？

　　静脈路確保に使用した静脈留置針の内筒針や血糖値の測定に使用した針等を誤って皮膚に刺してしまうことであり、傷病者に感染症がある場合には、感染の危険がある。

(3)　発生防止対策

　ア　静脈路確保のために使用した静脈留置針の内筒針は、リキャップすることなく小容器に収納し、針刺し事故の防止を図る。

　イ　訓練を行う際には、静脈路確保の手技のみにとらわれることなく、使用済みの針の廃棄要領についても併せて訓練を行う。

(4)　事故発生時の対応要領

　ア　血液で汚染された静脈留置針又は鋭利物で救急隊員が受傷した場合は、直ちに創傷部から血液を絞り出し流水で十分に洗い流し消毒する。

　イ　警防本部に即報し、必要な場合は応援要請を行うとともに、救急隊指導医の助言を受ける。

　ウ　収容医療機関の医師に、当該傷病者の感染症の有無を確認するとともに、必要により医師の治療（予防薬の服用）を受ける。

　エ　血液で汚染された救急廃棄物は、容器ごと回収容器に廃棄し、むやみに押し込みをしない。

(5)　廃棄物処理

　ア　救急活動に伴い排出される廃棄物は、汚物袋ごと回収容器に廃棄し、必ずふたをする。

　イ　回収容器が一杯となった場合は、むやみに詰め替え、押し込み等をせず、予備の回収容器に投棄する。

3　感染症事故

(1)　事故事例

　　一般住宅において、80代の男性が発熱と咳が数日間継続したため家族が救急要請したもの。救急隊は医療機関に収容後に医師より、「検査の結果、結核の疑いあり」との連絡を受けた。そのため、救急隊長以下3名は、臨時健康診断を受診することとなった。

(2)　感染症とは？

　　感染症については、「感染症の予防及び感染症の患者に対する医療に関する法律」により、感染症の感染力と感染した場合の重篤性を考慮し、一類から五類感染症、新感染症、指定感染症といった類型に分類されている。

(3)　活動の基本

　ア　救急活動においては、傷病者の血液、嘔吐物等への直接接触を避けるなど、感染防止に十分な措置を講じる。

　イ　感染症が疑われる場合、医療機関収容後、感染症傷病者であることが判明した場合には、警防本部、医療機関の医師、さらには保健所との連携を密にし、消毒等の必要な対応策を講じる。

　ウ　救急隊員が感染した場合の事後処理、対応の遅れが救急隊員以外への感染の拡大を招く

　　　ことを十分に認識し活動する。

　エ　感染症の種類によって、発生状況、伝播経過、症状の特徴、消毒方法等が多様であり、各々に応じた感染防止対策を講じるものとする。

　オ　食中毒など一時に多数の傷病者が発生する場合は、発症に至るまでの経過等を聴取し、感染防止対策に資する。

(4)　現場活動

　ア　観察の結果、外傷性の出血、吐血、喀血、嘔吐物、排泄物等がある場合は、直接接触を避けるとともに、救急活動中に手指等に創傷を作ることがないように注意する。

　イ　咳、嘔吐の症状がある傷病者に対しては、飛沫感染を防止するために、マスクを着用させる。

　ウ　外傷性出血、分娩等の救急処置に当たっては、血液等により手指、腕が汚染されることのないようにゴム手袋や腕カバーを使用する。

　エ　傷病者をストレッチャーに収容する場合、事前にシーツ等を活用し、ストレッチャー、救急自動車の汚染防止に努める。

　オ　関係者に傷病者の搬送協力等を依頼する際は、傷病者の出血等を確認し、感染危険がある場合は、マスク及びゴム手袋等を装着させる。

(5)　医療機関収容時の措置

　ア　医師が診断の結果、一類感染症、二類感染症、三類感染症及び新感染症又はその疑いがあると判明したときは、速やかに警防本部に報告し、出場不能等の措置を講じた上で車両等の消毒を実施すること。

　イ　ア以外の感染症を取り扱った場合は、医師又は保健所と連絡を取り、救急隊員、救急自動車及び救急資器材の消毒方法を聴取し、速やかに消毒を実施する。

　ウ　血液の付着物、嘔吐物、排泄物等の入った汚物袋は、回収容器に廃棄する。

　エ　感染症の疑いがある場合には、収容後、医療機関の医師により当該傷病者の感染の有無の連絡を依頼するなど、速やかな対応を図る。

(6)　事後処理

　ア　感染症、結核等の病原体により汚染を受け、感染のおそれが生じた場合は、関係機関へ通報する。

　イ　救急指導課、健康管理室と連絡を取り、東京消防庁職員健康管理規程（昭和59年11月東京消防庁訓令第38号）第34条の3に基づき、臨時健康診断を実施する。

　ウ　消毒の実施に伴い、長時間にわたって出場不能となる場合は、原則として代車編成、救急隊員の交替を行い出場態勢を確保する。

　エ　救急活動の記録は、救急活動記録票によるほか救急活動の評価、関係機関への連絡内容、消毒の実施結果、救急隊員への健康診断結果等を記録する。

　オ　救急活動結果の検討を行うとともに、救急規程第87条に基づく報告を行う。

　カ　傷病者がエイズ等の感染症と判明した場合には、当該傷病者のプライバシー保護に万全の配慮をする。

4　腰椎捻挫

(1)　事故事例

　ア　事例1

　　　公園内に設置されている公衆トイレ内において、40代の男性が意識障害となり動けなくなったもの。トイレ内が狭かったため、救急隊長が傷病者を抱え引き出そうとした時に、傷病者が激しく動いたため、腰部に痛みを感じたもの。

　イ　事例2

　　　自宅において、30代の男性が激しい腹痛となったもの。傷病者を居室内から搬出し、メインストレッチャーに収容し救急自動車の後部まで曳行した。車内収容のためにメインストレッチャーを最上段に引き揚げた瞬間に腰部に激しい痛みを感じたもの。

(2)　腰椎捻挫とは？

　　腰椎捻挫とは、腰部に急激な屈伸、捻転が加わって、骨に異常はないが靭帯、筋膜、筋などが損傷されて起こるもの。

(3)　発生防止対策

　ア　救急活動中における安全管理の主体は、救急隊員にあることを強く認識し、自らの安全は、自らが確保する。

　イ　救急隊員は、受傷事故防止のために、心身の鍛練に努めるとともに、非番日等においては十分な休養を取る。

　ウ　救急隊員間の連携不足、意思疎通の欠落により、受傷事故が発生しないよう、訓練を実施し、チームワークの醸成を図る。

　エ　傷病者を移動又は搬送する場合は、腰部に負担がかからない姿勢を心掛け、可能な限りのマンパワーを活用する。

(4)　発生時の対応要領

　ア　業務継続の可否を判断し、必要な応援要請を行う。

　イ　必要に応じて医療機関で医師の診察を受ける。

5　妨害事故・加害事故

(1)　事故事例

　ア　事例1（妨害・加害）

　　　路上において、20代の男性が飲酒後に意識障害となり動けなくなったもの、救急隊長が傷病者を観察中、傷病者に付き添っていた男性が「早く病院に搬送しろ」と興奮状態になり、救急隊長の顔面を手拳で殴打したもの。

　イ　事例2（妨害）

　　　飲食店街において、加害行為により20代の男性1名が顔面を受傷したもの。男性を救急自動車内に収容し、状況聴取と観察を行っていたところ、加害者の男性が興奮状態となり、救急自動車の外部ドアの部分を蹴り損傷させたもの。

(2)　妨害事故・加害事故とは？

　　救急現場において第三者の行為により、救急自動車等に損傷を受けたり、救急隊員が負傷
　したりすることで、適正な救急活動が困難となること。
(3)　発生防止方策
　ア　繁華街や花見等の現場、集団行動等が行われている現場へ出場指令があった場合は、あ
　　らかじめ妨害行為を予測して救急隊員の増強等、事故防止に配意する。
　イ　救急活動中は、不安感や焦燥感にある傷病者、家族等関係者の心情や立場を理解し沈着
　　冷静な規律ある態度で行動する。
　ウ　状況聴取は、言葉遣い、動作に留意し、粗野、粗暴にならないようにする。
　エ　傷病者及び関係者等が、救急隊の現場到着までの所要時間や、現場における容態観察、
　　救急処置等に不満をもっているようなときは、理由を説明し納得させる。
　オ　依頼された医療機関に搬送できない場合、医療機関の選定に時間を要する場合及び適応
　　医療機関へ搬送するために直近の医療機関前を通過するなどして搬送する場合は、医療機
　　関の選定について不信感を持たれることのないよう、傷病者、関係者等に理由を説明し納
　　得させる。
　カ　傷病者、関係者等の言動から、救急隊員に暴力を振るうおそれがある場合は、現場の警
　　察官に安全確保の協力を求める。また、警察官が不在の現場においては、警防本部に状況
　　を報告し、警察官を要請する。
　キ　救急処置が必要と認められる傷病者で、救急処置を拒否し暴力を振るうおそれがある場
　　合は、現場の警察官の協力を得て救急処置を行う。警察官が不在の現場においては、警察
　　官を要請するとともに家族等関係者がいる場合は、これらを介して説得に当たらせる。
　ク　現に暴れており、救急隊員に危害を加えると判断される場合は、一次的に避難し、暴力
　　を受けないよう配意する。
　ケ　妨害行為が発生した場合の救急隊員の行動要領及び任務分担を事前に指示しておく。
(4)　発生時の対応
　ア　救急隊員が直接身体に暴行又は傷害を受けた場合は、救急隊員の安全確保を優先し、一
　　時的に救急活動を中断すること。
　イ　救急隊員が負傷した場合は、速やかに救急処置を行う。
　ウ　速やかに概要を警防本部に報告し、警察官及び必要な救急隊の応援要請を行う。また、
　　大隊長等の要請も併せて行う。
　エ　妨害者との対応は、被害の拡大防止を図るため、興奮したり感情的となって相手を刺激
　　することのないよう、沈着、冷静にき然たる態度で接する。
　オ　現場保存や証拠となる物件の確保を行うとともに、目撃者を確保し、住所、氏名、連絡
　　電話、目撃位置、内容等を把握する。
(5)　事後処理
　　妨害行為が発生した場合は、救急業務の適正執行、救急隊員の安全等を確保する意味から
　も、刑事及び民事上の責任を追及することを前提に、事故現場における初動対応及び事後処
　理を行うこと。

【参考】

救急業務における標準予防策

1　手洗い
- 常に感染の危険があることを念頭に置き、手洗いを励行する。
- 流水と石鹸による手洗いを実施し、併せて速乾性手指消毒剤も活用する。

2　手袋
- 観察、処置を行う際には、手袋を着用する。
- 手袋が血液、嘔吐物、排泄物等で汚染された場合は交換する。

3　マスク、ゴーグル、感染防止衣
- 血液、嘔吐物、排泄物等の飛散が予想される場合は、マスク、ゴーグル、感染防止衣を着用する。
- 感染防止衣が血液、嘔吐物、排泄物等で汚染された場合は交換する。

4　使用した資器材
- 感染の危険がある資器材は、それぞれ汚物袋に収納し、帰署（所）後、適正に消毒や廃棄を行う。
- 使用後廃棄する資器材は、救急廃棄物専用の回収容器に廃棄する。
- 救急自動車内、資器材等は定期的な消毒を行う。

5　傷病者との接触
- 感染の危険がある傷病者に対しては、可能な限り直接接触を避ける。
- 感染の危険がある傷病者を搬送する場合、同乗者は必要最小限の人数とする。

6　その他
- 静脈路確保に使用した静脈留置針は、リキャップすることなく小容器に収容する。
- 救急現場においては、鋭利物等での受傷事故の防止に留意する。

第3　消防車両の運行関係

　消防用自動車、救急用自動車等は、一般車両と異なり、消防業務の必要性から道路交通法上、緊急出場途上における優先通行が認められている。これは、他車両等の避譲を前提としているが、避譲に全幅の信頼が置けない状況下では、交通事故の発生危険、人身損害の発生危険は極めて高いものとなる。

　このことから、緊急出場途上においては、優先通行権を過信することなく、道路や交通状況等により、自車をいつでも制御できる無理のない速度と方法による安全運転を基本とし、過去に発生した事故事例を貴重な教訓としてまとめた次の交通事故防止の十則を実践しなければならない。

【緊急出場途上における交通事故防止の十則】

　1　道路交通状況に応じて、適正な速度で走行する。

　2　赤信号交差点では、交差点直前で確実に一時停止し、左右の安全確認を行い、徐行で通過する。

　3　赤信号交差点では、避譲車両等による死角がある場合は、その直前で確実に一時停止し、安全を確認してから通過する。

　4　青信号交差点では、周囲の歩行者及び車両等の動向を確実に把握し、安全な速度で通過する。

　5　青信号交差点で左折する場合は、左側を通行する歩行者及び自転車等に注意する。

　6　見通しの悪い信号機のない交差点では、交差点直前で確実に一時停止し、左右の安全確認を行い、徐行で通過する。

　7　渋滞道路や狭隘道路では歩行者及び自転車等の飛び出しに十分注意し、安全運転に努める。

　8　対向車線走行及び一方通行路逆行の場合は、前方の車両等に十分注意し、側方間隔をできるだけとって安全な速度で走行し、側方間隔がとれない等状況によっては徐行する。

　9　後退する場合は、後退方向、位置及び障害物等を確認し、徐行するとともに、死角がある場合は確実に把握する。

　10　道路交通状況に応じて、適時適所で確認呼称する。

（十則）

一　道路交通状況に応じて、適正な速度で走行する。

（事例）火災出場途上のポンプ車が下り坂カーブでスピードを出し過ぎ、急ブレーキ操作したためスリップし、民家の塀に激突して隊員が受傷した。

（十則）

三　赤信号交差点では、避譲車両等による死角がある場合は、その直前で確実に一時停止し、安全を確認してから通過する。

（事例）火災出場途上のポンプ車が赤信号交差点において、避譲停止中の車両の陰から進行してきた一般車両と衝突し隊員が受傷した。

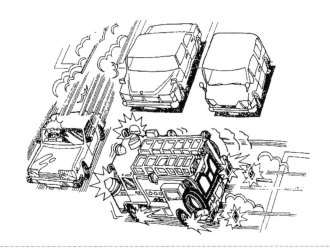

九　後退する場合は、後退方向、位置及び障害物等を確認し、徐行するとともに、死角がある場合は確実に把握する。

（事例）ポンプ車が火災現場付近において、予定水利を出越したため、誘導員を降ろし後退した際、誘導員が後方の乗用車との間に挟まれ、受傷した。

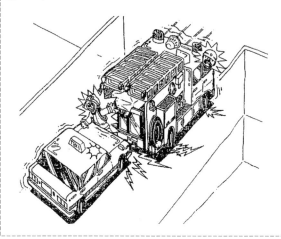

第 *3* 章

事　　例

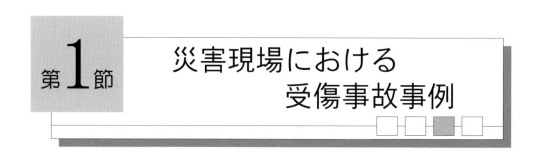

第1節 災害現場における受傷事故事例

1 火災現場

■事例1 熱傷 その1

1 概要

　耐火造12／1店舗併用共同住宅の火災現場において、10階火点階で活動中の隊員が、玄関ドアの開放とともに急激な熱気の噴出により顔面を熱傷したもの。

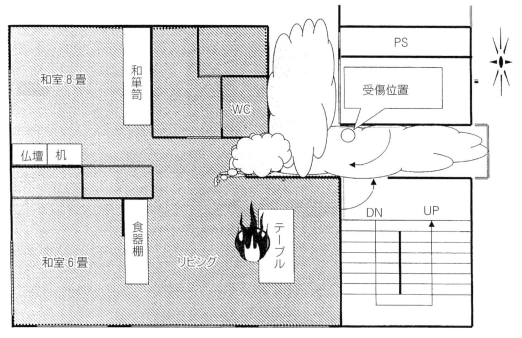

受傷位置図

受傷状況図

2　発生日時

平成○○年7月　21時00分ころ（覚知からおよそ20分後）

3　焼損程度

耐火造12／1店舗併用共同住宅　10階　58㎡（部分焼）

4　受傷者等

隊名	受傷者	受傷形態	傷病名	程度
Aポンプ小隊	B消防士長	熱傷（熱気に煽られ）	前額部I度熱傷	軽症

5　受傷原因等の考察

(1)　単隊4名の活動において、一緒に活動していた2番員は、連結送水管を活用した対応で、初期の段階で筒先保持者（受傷隊員）1人の活動となってしまった。

(2)　小隊長は、先着中隊長に到着報告をせず、更に隊員が単独となることを報告しなかったため、受傷時は他の隊がいたにもかかわらず濃煙のため連携がとれず、他の隊が退避した後も単独で筒先を保持していた。

(3)　建物西・南開口部のベランダから激しい火炎が噴出中であるが、内部進入の隊はその延焼状況が不明であり、状況が不明のまま活動していた。

(4)　指揮本部設置位置から火炎の噴出状況は視認できず、内部進入隊への適切な情報提供がなされなかった。

(5)　火点室の玄関ドアが何らかの原因により、一時的に開放されたため、排気口となり急激に黒煙及び熱気が噴出し、緊急退避せざるを得ない状態になった。

(6)　連結送水管への送水圧力の不適及びホース屈曲等により放水圧力が低く、有効な放水が得られなかった。

(7)　緊急退避時、単独で活動していたB小隊員は、前進指揮隊長の退避命令が分からず、他隊の退避後、名前を呼ばれてはじめて退避した。

(8)　退避命令を前進指揮隊長が口頭で行ったため、指揮本部に報告がなされず、指揮本部では、隊員の退避等の状況が全く把握されていなかった。

(9)　初期段階において、指揮本部での活動統制がなされず、ベランダ側からのてい上放水と玄関ドアの切断活動も同時併用されていた。

(10)　現場は西側ベランダが吸気、南側ベランダが排気となり、開口部設定後、更に東側屋内玄関部分も排気となった。ドアを開放すると激しい黒煙と火炎が噴出し、玄関側から火災室への進入は困難であった。しかし、現場指揮本部において火災の状況が把握されず、内部からの進入に対し、適切な消防活動の指示がなされていなかった。

(11)　受傷事故報告が迅速になされず、相当の時間が経過した後に指揮本部長に報告されたが、前進指揮隊長への報告はなく、前進指揮隊長は受傷事故が発生したことすら知らなかった。

(12)　情報員が早期に9階の陸屋根を確認していたにもかかわらず、指揮本部への情報提供がなされず、直下階の9階にある陸屋根部分の早期活用がなされなかった。

6　再発防止対策

(1)　高熱環境下での活動は、筒先を複数集結させ、進入前に確実に筒先圧力の確認を行うとともに、適正な圧力による十分な放水量を確保すること。

(2)　完全着装時の活動で熱気を感じた場合は、外気はかなり高熱になっていると予想されることから、熱いと感じた時は躊躇なく退避すること。また、常に最悪な状況を想定し、急激な活動環境の変化に迅速に対応できる体制を確保しておくこと。

(3)　玄関ドア等建物内部への開口部設定は、屋内の延焼状況を考慮し、ベランダ等から火炎の噴出が確認された場合は、むやみに開口部の設定は行わないこと。

(4)　延焼中の火災現場は常に高熱環境下にあることを認識し、隊長、隊員相互に活動を監視し安全確保すること。

(5)　隊員が不足する場合は、他隊との連携を図り、単独行動は絶対に行わないこと。

■事例2　熱傷　その2

1　概要

　木造一部耐火造2／0倉庫併用共同住宅の火災現場において、逃げ遅れの人命救助のため内部進入した特別救助隊員3名が火炎に煽られ受傷したもの。

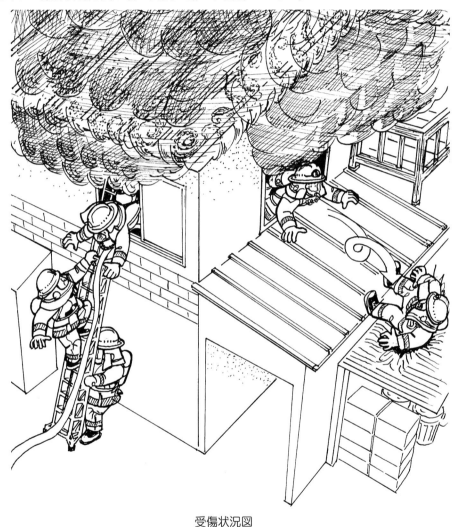

受傷状況図

2　発生日時

　昭和○○年7月　4時29分ころ（覚知からおよそ64分後）

3　焼損程度

　木造一部耐火造2／0倉庫併用共同住宅　建158㎡　延307㎡のうち220㎡（全焼）

4　受傷者等

隊名	受傷者	受傷形態	傷病名	程度
A特別救助隊	B消防士長	熱傷（火炎に煽られ）	両上腕、背部、両下腿熱傷	中等症
	C消防士	脱出時に受傷	左脇腹擦過傷	軽症
	D消防士	脱出時に受傷	左脇腹擦過傷	軽症

5　受傷原因等の考察

⑴　建物構造等からの考察

　ア　消防隊の放水で、出火室及び2階の南側一部は一時的に燃焼が抑えられたが、間仕切りがコンクリート壁のため有効な注水ができず、1階奥では燃焼が継続された。

　イ　1階にはプラスチック類が多く収容された倉庫部分があり、この部分も延焼したが、耐火造の壁で囲まれた構造であったため燃焼空気が不足し、煙と未燃ガス（CO、CH_4、H_2等）が発生、この未燃ガスが2階廊下等の燃え抜けにより2階に充満したものと推定される。

　ウ　2階の北側部屋（4.5畳）の検索を下命されたA特別救助隊員3名は、東側路上から窓を破壊して進入後間もなく空気の流入により急激な燃焼現象が発生したものと推定される。

⑵　延焼状況からの考察

　出火室は東側道路に面した1階中央の物置部分で、出火室の開口部から廊下へ火炎が噴き出し、天井面及び天井裏から四方へ拡大するとともに、各部屋の開口部から室内へ延焼、更には2階廊下及び押入れの床板を燃え抜き、2階へと延焼拡大した。

　一方、出火室脇には2階へ通じる室内階段があり、早期に2階へ延焼し、天井面及び小屋裏から、更には各部屋のベニヤ壁及び床板等が燃え抜き、延焼拡大したものと推定される。

⑶　受傷部位及び程度等からの考察

　小窓から脱出するまでのわずかな時間に急激な燃焼現象による熱気により、両上腕及び背部両下腿に熱傷を負ったものであるが、空気呼吸器等の面体を着装していたため、気道熱傷等の呼吸器系への重大な受傷は避けられた。

6　再発防止対策

⑴　進入時に火炎等が確認できず高熱環境にない場合でも、急激な延焼拡大により火炎の噴出等があるので、屋内進入時は、空気呼吸器・防火衣の完全着装を徹底すること。

⑵　高熱環境下に進入する場合は、援護注水のもとに進入すること。具体的には第1線を第2線が援護する放水隊形とし、後方の筒先はスプレー注水によって前方の活動隊員を包むように援護すること。

⑶　火災室内は常に高温環境下であることを認識し、不用意に立ち上がると熱傷を受けるおそれがあることから、低い体勢での活動を行うとともに、隊長及び隊員は相互に行動を監視すること。

⑷　フラッシュオーバー、バックドラフト等の火災性状及び活動危険並びに消火技術等について、各中小隊長は、機会あるごとに具体的な事例等を用いて教育を行うこと。

■事例 3　熱傷　その 3

1　概要

　救助指定中隊として火元建物 2 階で活動中、急激に熱気が噴出・充満してきたため緊急脱出しようとして 2 階の窓から転落・受傷したもの。

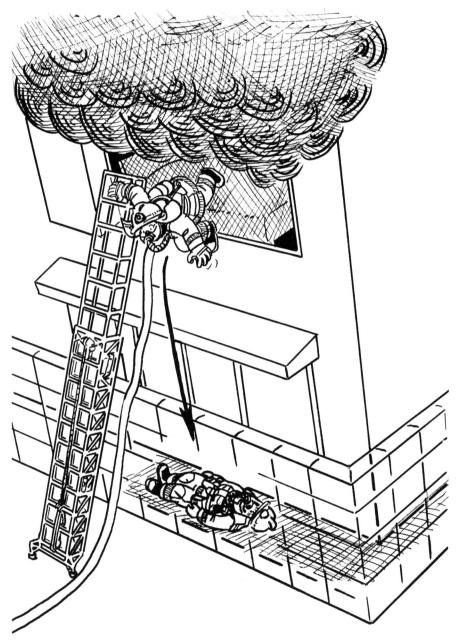

受傷状況図

2　発生日時

平成○○年11月　18時00分ころ

3　受傷者等

隊名	受傷者	受傷形態	傷病名	程度
Aポンプ小隊	B消防士	急激な熱気の噴出・充満に伴い緊急脱出しようとしたところ、2階窓から地上へ転落したもの。	右前腕部I度熱傷 右膝打撲 左側胸部打撲	軽症

4　受傷原因等の考察

⑴　救助指定中隊の2番員として出場し、濃煙熱気が充満する火元建物2階に進入した。

⑵　小隊長と第1線を延長し、検索を実施中に急激に熱気が噴出、室内に充満してきた。

⑶　中隊長から緊急脱出を下命され、筒先を置いてホースを伝いながら進入してきた窓を目視した。

⑷　窓の手前にベッドが置いてあったが、窓枠と同じ高さであったため、そのまま窓から地上の植え込み上に落下した。

5　再発防止対策

⑴　火勢熾烈な延焼火災時は、消火のための放水により大量の水蒸気熱が予測されるので、直状・噴霧のノズル操作を適切に行うこと。

⑵　火炎の状況により適正な距離を保って放水すること。

⑶　放水活動時は、放水姿勢及び遮蔽物の有効活用に配意すること。

⑷　個人装備品の点検整備及び完全着装を徹底し、活動中は必要により身体に注水する等、自己防衛を行うこと。

⑸　防火衣の遮熱性能が高いことから、消火活動中に「熱さ」を感じた時は、外気温は相当な温度となっている危険性があるので、一時退避すること。

⑹　濃煙熱気の充満する室内等で活動する場合は、緊急脱出に備え退路を常に確認しながら活動すること。

■事例4　熱傷　その4

1　概要

　耐火造9／0倉庫6階から出火した火災現場において、指揮隊員B消防司令補は、状況確認のため1階で作業中の作業員とともに一般用エレベーターにより6階へ向かった。

　エレベーターが停止後、ドアが開放した際、目前に炎が見えて濃煙熱気に巻かれた。

　危険を感じた2名はトイレに避難し、窓（消防隊進入口）からバルコニーに出たところを検索救助のため伸ていしてきたはしご隊のバスケットにより地上へ脱出した。

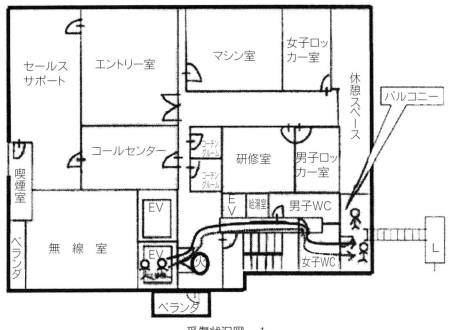

受傷状況図　　1

受傷状況図　2

2　発生日時

平成○○年6月　1時40分ころ（覚知から27分後）

3　焼損程度

耐火造 9／0 複合用途　建8,566㎡　延65,342㎡のうち6階43㎡　表面積150㎡（部分焼）

4　受傷者等

隊名	受傷者	受傷形態	傷病名	程度
A指揮隊	B消防司令補	熱気内における呼吸	気道熱傷	中等症

5　受傷原因等の考察

(1)　建物構造等からの考察

　　大規模建物であり、出火階の出火点の確認が困難であった。

(2)　活動状況からの考察

　ア　防災センターの機能を有効に活用していないこと。

　イ　非常用エレベーター以外のエレベーターを使用したこと。

　ウ　大隊長の下命なしで、かつ単独で行動したこと。

　エ　指揮隊として指揮統制及び部下掌握がなされていないこと。

(3)　受傷部位及び程度からの考察

　　保安器具の着装及びホースの延長なしで火点階へ進入したことにより、気道熱傷という重大な受傷となった。

6　再発防止対策

(1)　指揮本部長は、部隊の活動統制を徹底すること。各級指揮者は、隊員等の行動を確実に把握すること。

(2)　火災現場では隊長、隊員の意思疎通を図るため、下命は具体的かつ明確に行い、単独行動させることなく隊員の活動を常に掌握すること。

(3)　火災では、一般用エレベーターは使用しないこと。

(4)　火災現場で関係者から情報収集する場合は、指揮本部等の火煙の影響を受けない安全な場所で行うこと。

(5)　指揮本部長又は署隊本部統括班長等は、指揮活動に反映させるため、指揮資料等を活用して出火建物の概要等を把握すること。

(6)　消防活動上の困難性及び危険性の高い大規模な倉庫等に対しては、指揮隊員を含めた警防調査を、各種業務を考慮した上で適宜計画して建物の実態把握を行い、指揮の要点及び活動重点について確認すること。

■事例5　三連はしご上からの転落

1　概要

　　耐火造5／0事務所併用共同住宅の3階居室22㎡を焼損した火災に際し、はしご隊員が地上で面体を着装し、水の載った50㎜ホースの管そうを肩に担いで登ていし、3階居室に進入しようとしたところバランスを崩し、約7mの高さから落下したもの。

受傷状況図

2　発生日時

平成○○年12月　４時37分ころ

3　受傷者等

隊名	受傷者	受傷形態	傷病名	程度
Ａはしご隊	Ｂ消防副士長	高所転落	肺挫傷、左肋骨打撲	中等症

4　受傷原因等の考察

⑴　指揮統制

ア　はしご隊は、「３階の逃げ遅れ検索救助活動最優先」との活動方針で、先着ポンプ隊は屋内階段から進入しているにもかかわらず、三連はしごでの進入にこだわった。

イ　はしご隊長は、受傷した隊員が三連はしごで登ていし、進入しているにもかかわらず、地上のホース整理に気をとられ、安全監視をしていなかった。また、転落時もその状況を見ていなかった。

⑵　活動環境

ア　３階の開口部までは約８ｍあり、かつ、電話線があり活動の障害となっていた。

イ　電話線の活動障害により、三連はしごの架てい角度は81度であった。

⑶　受傷隊員の行動

ア　三連はしご登てい時に、電話線の障害があるにもかかわらず、注意を怠り空気呼吸器に電話線を引っ掛けてしまった。

イ　空気呼吸器のそく止弁の保護枠に引っ掛かった電話線を解除するため、特別救助隊員が登ていし、外してもらったが、体勢を整えることなく無理に進入しようとした。

ウ　転落時の状況をはしご隊長はじめ、周囲で活動している隊員においても、見ていなかった。

5　再発防止対策

⑴　最先到着となった中隊長は、大隊長到着まで必ず指揮代行を行い、後着隊に対し災害実態及び活動方針を明確に下命する必要がある。

⑵　後着隊は、先着隊が屋内進入して活動中の居室内に屋外から注水すると火炎等の吹き返し及び挟撃注水による受傷事故が予測されることから、連絡体制を確保したうえ内部の活動状況を十分に把握すること。

⑶　各隊長は、隊員に活動下命する場合、活動環境（出窓の構造及び焼損状況等）及び隊員の技能等を総合的に把握し決定すること。

⑷　各隊長は、隊員に高所活動等を下命した場合は、隊員の事故防止を大前提とした指揮活動を行うこと。

⑸　各隊長は、自己隊員の安全監視に止まることなく、他隊員の活動に対し危険を察知した場

合は、躊躇することなく活動中止を命令し、事故防止に努めること。

⑹　積載はしごを登てい、降ていする場合は、横さんを確実に握り三点支持を保つこと。

⑺　積載はしご上で破壊等の作業を行う場合は、作業姿勢をとり、身体の安定を図るとともに、状況により命綱で身体確保をとること。

⑻　積載はしごにより屋内進入する場合は、ノズルを確実に閉め、進入時にノズルが開放しないよう十分注意すること。

⑼　窓等から建物内に進入する時は、床等の有無、足場の強度を確認すること。

⑽　住宅等の窓に取り付けてある落下防止枠、窓枠等は、引っ張り強度が弱いものがあるので過信しないこと。

■事例6 転落（床抜け）

1 概要

　防火造2／0住宅1階から出火した建物火災において、2階に三連はしごで進入したB隊員は、2階居室内の壁体から煙が出てきたため、消火しようとホースを保持したまま前進したところ床が抜け、1階部分に滑るようにして足から転落したもの。

　B隊員は、1階の火点付近に落下したものの、自力で屋外に脱出した。

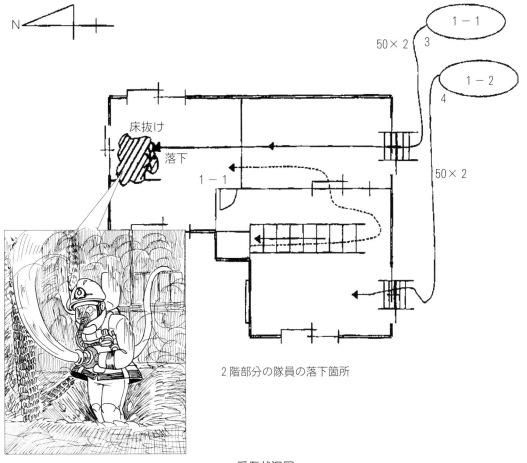

2階部分の隊員の落下箇所

受傷状況図

床抜けした状況

1階の落下した部分

2　発生日時

平成○○年12月　15時14分ころ（覚知から30分後）

3　焼損程度

防火造2／0住宅　建45㎡　延80㎡のうち40㎡焼損（半焼）

4　受傷者等

隊名	受傷者	受傷形態	傷病名	程度
Aポンプ小隊	B消防副士長	床抜けによる転落	両足部打撲	軽症

5　受傷原因等の考察

(1)　火災状況

　　現場到着時、火点付近は煙が立ちこめ火点建物の軒下や窓の隙間から白煙と炎が上がっており、西側と東側の建物へ延焼する危険性があった。

(2)　消防隊の活動状況（Aポンプ小隊）

　ア　現場到着時、部署した消火栓が現場まで距離があることから、火点直近に部署した先着隊との連携活動を判断した。

　イ　火元建物へ至ると最先着隊が既に火点1階に進入して活動中であった。また、玄関付近では、責任者と思われる老人男性を確保した。

　ウ　最先着隊は、北側から着手していたので、Aポンプ小隊は南側の1階及び2階を担当した。

　エ　1階の人命検索及び延焼阻止を行い、1階の検索終了後、2階へと転戦した。

　オ　三連はしごを活用し進入しようとしたが、雨戸が閉まっていたため破壊後進入しようとした。

(3)　受傷状況

　ア　2階へ第1線を延長し進入した。その際、安全管理担当隊長より、2階床の落下危険が

あるので隊員の安全管理を徹底することを受命した。

　イ　中隊長は、進入中の1、2番員にホースを手渡しながら、落下危険があるので注意することを下命した。

　ウ　その後、2階の居室内は、屋根も焼け抜けて煙も薄くほぼ室内が奥まで見渡せる状況になった。活動中の隊員（1、2番員）に、指揮本部から携帯無線機による2階床の落下危険の安全管理を再度徹底しようとした。

　エ　中隊長は、1番員が窓まで来たので、その内容を伝えている時、2番員が1階に落下した旨を近くで活動中の隊員らの大声で気付いた。

6　再発防止対策

(1)　危険要因の積極的把握

　ア　活動隊員は、指揮者の掌握下で活動するとともに、安全確保の主体は自己にあることを肝に銘じ、汎用無線機の有効活用を図るなど、危険要因等について積極的に情報収集すること。

　イ　各級指揮者は、常に自己隊員の活動環境の把握に努め、床抜け等の危険を察知した場合は、具体的に指示するなど、速やかに行動を規制し、危険箇所への進入はもとより、階下への進入等、隊員の行動を強く統制すること。

　ウ　指揮本部長は、危険情報を把握した場合、速やかに出場各隊員に周知するとともに安全管理担当隊長及び安全管理隊により退避等の活動統制を徹底すること。

(2)　危険情報の伝達及び履行確認

　ア　各級指揮者及び隊員は、前(1)で把握した危険情報等を各活動隊、現場指揮本部に速やかに報告すること。

　イ　各級指揮者は、危険情報を受信した場合、指示事項を隊員に対し、確実に伝達するとともに指示事項が履行されているかを確認すること。

(3)　安全かつ効率的な進入位置及び活動環境の把握

　ア　木造・防火造建物火災で2階に進入する時は、当該建物の焼損状況等を十分確認し、荷重が一箇所に集中しないように分散して進入すること。

　　　また、進入後、部屋の中央での活動は最小限にし、窓際、隅等に部署して活動すること。

　イ　木造・防火造建物火災で延焼防止前後に内部進入する場合は、梁、床板等が焼損し、強度が低下しており、更に消火水を含んでいるので、焼損状況及び建物構造等を十分に確認してから進入すること。

■事例7　手摺（三連はしご）からの転落

1　概要

　防火造2／0長屋火災で、火点建物2階開口部（アルミ製手摺付）に架ていされた三連はしごから脱出する際、アルミ製手摺が脱出する隊員の体重を支えきれずに外れ、手摺とともに約3.5mの高さから地上に落下し受傷したもの。

受傷状況図

2　発生日時

　　平成○○年3月　8時00分ころ（覚知からおよそ17分後）

3　焼損程度

防火２／０長屋住宅　１、２階38㎡焼損（半焼）

4　受傷者等

隊名	受傷者	受傷形態	傷病名	程度
Ａはしご隊	Ｂ消防司令補	高所からの転落	頭部挫創、右肘打撲	中等症

5　受傷原因等の考察

⑴　２階開口部にアルミ製手摺が設置されていたため、２階開口部上部の庇に三連はしごの先端を架ていしたが、三連はしごと開口部の間隔が離れ過ぎたため、屋内進入及び脱出に困難を来した。

⑵　２階開口部の中央部分に三連はしごを架ていしたが、フラッシュオーバー、バックドラフト等によって火炎が一気に噴出するおそれがあることを考慮すれば、不適切な架てい位置であった。

⑶　屋内進入時にアルミ製手摺の強度を確認してから屋内進入したが、手摺が脱落するような兆候は認められなかったことから、脱出時には「大丈夫である」という固定観念で、はしご小隊長は手摺の強度確認を怠り、手摺に全体重を掛けて脱出したため、手摺が脱落した（はしご小隊長は脱出する際、三連はしごの横さんを手懸かりにしていなかった。）。

⑷　２階開口部には、アルミ製手摺が開口部の約半分を覆っていたため、進入スペースが狭いという活動の困難性があり、結果として「無理な姿勢での活動、無理のある実施方法」となった。

⑸　２階開口部からの室内進入に際して、窓手摺を除去して、活動スペースを確保するなど、不安全状態と不安全行動を是正する判断がされなかった。

6　再発防止対策

⑴　安全かつ効率的な進入位置の決定等

　ア　各級指揮者は、隊員がより安全かつ効率的に屋内進入し脱出するため、必要に応じて、三連はしごの架てい変えを下命するとともに、手摺が消防活動障害になる場合は、除去する等の措置を講ずること。

　イ　三連はしごを活用して内部進入する場合、三連はしごの架てい位置は、火災性状が急変することを予測して開口部正面を避け、開口部左右の壁に架ていすること。

⑵　進入及び脱出時の留意事項

　ア　開口部に設置されている手摺に三連はしごを架ていする場合は、はしごをいったん架ていした後、はしごを活用して、手摺の強度が十分にあるか否かを確認した後登ていし、室内進入時及び脱出時にも、強度を確認してから活動すること。

　イ　脱出する場合は、窓手摺に体重を掛けることなく、三連はしごの横さんを手懸かりにす

　　ること。

　ウ　指揮者及び活動隊員は、手摺の強度を確認して脱落するおそれがある場合は、全員に周
　　知徹底すること。

　エ　三連はしごを架ていした外壁面との距離が離れている場合は、ロープによる身体確保の
　　措置を講ずること。

(3)　三連はしごを活用した進入訓練の推進

　　災害現場において、三連はしごを架ていして内部進入する場合、建物形状、開口部の位置、
　構造、架てい障害、活動スペース及び地盤状況などにより、即時に架てい位置及び安全措置
　等を決定しなければならない。したがって、平素からあらゆる災害状況に対応するため、基
　本的な三連はしごの操作取扱い訓練のほか、実災害を想定した訓練環境を設定して、三連は
　しごの架てい訓練、屋内進入及び脱出訓練を実施すること。

■事例8　屋根からの転落

1　概要

　住宅火災において、2階屋根（瓦）の残火処理を中隊長ほか2名で実施中、瓦屋根の野地板等が焼きしているのに気付かず、軒先付近に立った瞬間、軒裏の化粧モルタルを突き破り地上に落下して受傷したもの。

受傷状況図

2　発生日時

　平成○○年7月　11時56分ころ

3　焼損程度

　防火造2／0住宅　50㎡（半焼）

4　受傷者等

隊名	受傷者	受傷形態	傷病名	程度
Aポンプ小隊	B消防司令補	高所からの転落	肋骨骨折、頭部外傷、右腎外傷	中等症

5　受傷原因等の考察

⑴　状況認知、判断からの考察

　屋根上での残火処理に対する危険性の認知が欠落しており、危険性を少く見積もった。

　中隊長は、災害活動中の自己隊員に対し不安定要素を指摘するなどの十分な監督をしていない。

⑵　物理的環境からの考察

　火災建物屋根上での活動に対し、大人数での活動である。

　足場の不安定な場所で有効な身体確保措置がなされていない。

⑶　心理的要因からの考察

　災害現場で、残火作業に専念し周囲の危険要因を無視した。

　中、小隊長は作業についての慣れから、安全確認、管理を怠った。

6　再発防止対策

⑴　屋根上での活動は、滑りによる転倒、転落危険が潜在するだけでなく、瓦屋根の場合は燃え抜けの危険性が高いことを事前に十分認識した活動を行うこと。

　また、各級指揮者は、屋根上での活動の効果と危険性を対比した活動に考慮すること。

⑵　高所作業時はいかなる状況においても、身体確保をとること。また積載はしご等を活用した足場の確保に努めること。

⑶　高所での作業に当っては、足場の確保及び足場の強度を確認した後、転落防止措置を講じてから行うこと。

⑷　高所では、転落防止を行うだけでなく、資器材の落下防止措置も講じること。

■事例9　感電　その1

1　概要

　火災現場において残火処理作業に移行するため、出火建物2階に三連はしごを架ていし、鉄製手摺を取り除く作業を実施中、通電していた200Vの動力引込線に接触、感電し、三連はしご上から転落受傷したもの。

受傷状況図

2　発生日時

　昭和○○年7月　6時06分ころ（覚知からおよそ59分後）

3　焼損程度

　防火2／0作業所併用住宅　54㎡のうち54㎡焼損（全焼）、防火2／0作業所併用住宅　372㎡のうち160㎡焼損（半焼）、他部分焼1、小火1、計4棟220㎡焼損

4　受傷者等

隊名	受傷者	受傷形態	傷病名	程度
Ａポンプ小隊	Ｂ消防士長	感電・転落	電撃症、右手打撲、左膝・右関節挫傷	中等症

5　受傷原因等の考察

(1)　受傷者（Ｂ消防士長）は、救助指定中隊（単隊）の小隊長代理として出場、出火建物の火勢制圧、隣棟の延焼阻止後、6時ころから残火処理作業に移行した。

(2)　出火建物北側に三連はしごを架ていし、作業障害である2階窓のトタン製の雨戸と右端部が外れた状態となった鉄製の手摺の除去作業を実施した。

(3)　受傷者は、登てい前に電力会社の社員に、電路の遮断を確認（隣接の作業所併用共同住宅の引込線が作業範囲にあったため。）し、通電されていない旨の返答を確認し登ていを開始した。8段目の位置で横さんを左手でつかみ、身体確保後、右手で雨戸を落下させた。

(4)　引き続き、鉄製手摺の除去を行うため、右手で手摺を揺さぶっていると、手摺の右端部が通電していた動力引込線に接触、感電した。

(5)　感電すると同時に手摺が落下した。受傷者は、横さんを握った状態で一瞬硬直、その後身体の弛緩が始まり右前方に倒れ、転落受傷した。

6　再発防止対策

(1)　現場及びその付近で電線の垂れ下がりを認めた場合は、速やかに指揮本部長に報告するとともに、周囲の活動隊員に周知し、二次災害の発生防止への徹底を図ること。

(2)　火災現場において、電線付近に三連はしご等架ていする場合は、必ず電源の遮断状況を確認するとともに、常に通電されているものとの危険側に立ち、三連はしご等の一部が電線に触れないよう安全な位置で作業すること。

(3)　現場及びその付近で電線の垂れ下がりを認めた場合、指揮者は厳格な活動統制を行うとともに、指揮本部長は、安全管理担当隊長、安全管理隊による安全管理の徹底を図ること。

(4)　警防業務安全管理要綱別表第1「火災現場の安全基準」及び「救助活動現場の安全基準」を遵守し活動すること。

> 感電事故の発生後
> 電力会社社員が、引込線の電源を遮断するため電柱に登り、引込線箱内のヒューズを確認すると、電灯用のヒューズは溶断していたが、動力用ヒューズは黒相及び白相のみ溶断し、赤相は溶断せず通電状態であることが判明したので、赤相ヒューズを取り外し、その旨、指揮本部に報告した。

■事例10　感電　その 2

1　概要

　木造平屋建て作業所の火災において、現場到着後 2 名でポンプ隊からホースを延長し、出火建物に放水した後、隣棟の屋根に転戦し活動していた。延焼防止後に更に転戦のため、地上に降り移動中、放水活動によりできた水溜りに足（編上げ作業靴）を踏み入れたところ、下腿部に強い電流を感じ、自力で抜けることができなくなり、その場に倒れたもの。

受傷状況図

2　発生日時

　平成○年12月

3　焼損程度

　木造 1 ／ 0　作業所　147㎡焼損（全焼）

4　受傷者等

隊名	受傷者	受傷形態	傷病名	程度
Ａはしご隊	Ｂ消防士	感電	電撃症	中等症

5　受傷原因等の考察

　　動力用三相200Vの引込み線が、積算電力計ごと脱落して門扉ゲート（鉄骨製）に接触した際、一相と接地相が短絡し柱上ヒューズが溶断したものの、他の一相は生きていたため、その電流が金属部分及び水溜まりを通って地面に流れていたところに足を踏み入れたため、何らかの電路を形成したものと推定される。

6　再発防止対策

⑴　通電状態の電線が脱落している場合は、隊員の行動規制を行うとともに、状況によっては、通電が停止されるまで、隊員の進入統制を行うなどの対策を講じること。

⑵　電線の垂れ下がりや、少しでも電気を感じる場合は、絶縁ゴム手袋、検電器を有効活用し、通電状態を確認するとともに、速やかに安全管理担当隊長及び安全管理隊を通じて全隊に周知し、二次災害の発生防止の徹底を図ること。

⑶　現場に電気事業者が未着の場合、速やかに警防本部等に電気事業者の応援要請を行い、電路の遮断を行わせた後活動すること。

1　交流電流が人体に与える影響（電力会社資料から）

電　流	人体に与える影響
1 mA	ただ感じる程度
5 mA	相当の痛みを感じる
10mA	耐えられないほど苦しい
20mA	筋肉の収縮が激しく自分で離脱できない
50mA	生命に相当危険である　心室細動を起こす危険
100mA	ほとんどの場合死亡する

2　人体に流れる電流の計算

⑴　素足で靴を履いている場合（けいれんを起こすことがある）

　　人体に流れる電流 $\dfrac{電圧}{抵抗} = \dfrac{100}{2,500+1,500+2,000} = 0.017 = 17\mathrm{mA}$

⑵　汗や濡れた手で、かつ素足の場合（生命に相当危険あり）

　　人体に流れる電流 $\dfrac{電圧}{抵抗} = \dfrac{100}{1,000+500+500} = 0.05 = 50\mathrm{mA}$

　　感電した時に体内に流れる電流の大きさは、電圧と人体の抵抗によって決定され、人体の抵抗は、体内の抵抗に接触抵抗を加えたものである。

　　体内の抵抗は1,500Ωから500Ωといわれており、接触抵抗は、皮膚の乾燥状態や接触状態等により変化する。

■事例11　パラペット・外壁落下

1　概要

　防火造２／０複合用途（飲食店等６店舗使用）の２階軒部分のモルタル外壁及び化粧用（瓦張り）パラペットが約13ｍにわたって落下し、歩道上で活動中の消防職員４名及び歩道橋階段付近で活動中の消防団員４名の計８名が受傷したもの。

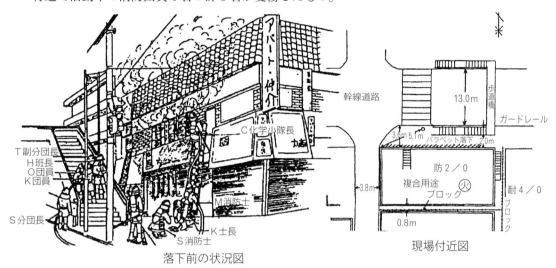

落下前の状況図

現場付近図

落下後の状況図

受傷状況図

2　発生日時

　昭和○○年２月　４時59分ころ（覚知からおよそ64分後）

3　焼損程度

　防火２／０店舗併用住宅　建139㎡　延278㎡のうち　１階56㎡、２階139㎡　計195㎡焼損（全焼）

4　受傷者等

隊名	受傷者	受傷形態	傷病名	程度
Aポンプ小隊 （歩道上）	C消防司令補	落下物の下敷き	右足関節開放骨折、右背骨近位端骨折	中等症
	D消防士長		右足関節捻挫、右足部挫傷、右肘部擦過傷	軽症
	E消防士		右脛骨骨折、胸部・左足関節挫創	中等症
B化学小隊 （歩道上）	F消防士	落下物飛散	右腕関節部打撲、左膝部打撲（大腿四頭筋挫傷）	軽症

※他に消防団員4名（中等症2、軽症2）受傷

5　受傷原因等の考察

(1)　落下原因の考察

　ア　化粧用パラペットとともに落下したモルタル外壁は、重量1,300kg、化粧用パラペットは、瓦386枚で1,400kgの重量である。化粧用パラペットの構造は、たる木で枠組みを造り、その上部は建物の構造材の頂部に釘止めにし、枠組みも下部はモルタル外壁から約30cm外側へ突き出して、モルタル壁内部の構造材に釘止めとなっている。

　イ　屋根がトタン張りのうえ、南から北側への勾配となった片流れ式であったため、小屋裏の火炎は、南から北側に向かって延焼し、小屋裏北側の柱・きずり及び化粧用パラペットの上部取付け部分が焼損した。そのため、モルタル外壁及び化粧用パラペットの荷重に耐え切れず、上部から回転するように落下したものと推定される。

(2)　落下時の活動状況

　ア　Aポンプ小隊は、2階飲食店に進入後、いったん屋外に退避し、B化学小隊と連携、三連はしごを活用して2階へのてい上放水の準備を歩道上で行っていた（C中隊長は、ホース整理、D小隊長代理は投光器の準備、E小隊員は呼吸器のボンベ交換し、着装）。

　イ　B化学小隊F小隊員は、小隊長が2階開口部の破壊及び注水を実施している三連はしごの確保とホースの確保を実施していた。

　ウ　消防団第○分団は分団長指揮により1線（65mm）を1階西側の飲食店に警戒筒先を配備後、北側の歩道上に転戦するため、副分団長他3名が歩道橋階段の約10段目付近で増加ホースの到着を待っていた。

(3)　落下の状況

　ア　延焼状況及び範囲が確認されていない状況下であったが覚知から約1時間を経過した時点で、北側屋根の一部から火煙の噴出が見られた。

　イ　同時に歩道側の2階軒部分のモルタル壁及びこれに構築された化粧用パラペット（以下「パラペット等」という。）が幅約13mにわたり、下の部分を支点として、上部から外側に

　回転するように一挙に落下した。

ウ　その一部は、電柱の街路灯及び歩行者用信号機等に接触し、更に歩道橋階段の欄干部分を覆うような状態となって、落下物が飛散し、歩道上にいた消防職員 4 名、歩道橋階段にいた消防団員 4 名の計 8 名が受傷した。

6　再発防止対策

⑴　木造あるいは防火造建築物に化粧瓦又はレンガ等で構築されているパラペット等は、本事例のように構造的に問題があると予測して、危険側に立った活動をする必要がある。

⑵　倒壊、落下の前兆現象として、壁等に亀裂、膨らみが全く見られない場合があり、特に外壁に特殊な装飾を施したもの又は外壁から外部に突き出した工作物等は外観上から取付け部分の強度が確認できないことから、火災時には一挙に崩壊する危険性があることを前提に活動をすること。

⑶　建物内部に煙が広範囲に充満し、火炎が確認できずに時間が経過している場合は、壁内部又は小屋裏、天井裏に火炎が侵入し、燻焼状態となっているものと判断し早期に壁や天井の局部破壊を行い、延焼状況を確認すること。

⑷　指揮本部長は、安全管理担当隊長及び安全管理隊を活用し、外壁、パラペット等の崩壊、落下について監視させるとともに、崩壊、落下の危険がある場合は、ロープ等により警戒区域を明示するとともに、各級指揮者を通じて全隊員に周知させること。

　崩壊危険がある場合は、強制的に危険を排除する措置も必要である。

■事例12　落下物（トタン板）

1　概要

　火災現場において排煙口を設定するため出火建物の屋根部分に三連はしごを架ていし、三連はしご上で隊員が、屋根上のはがしたトタン板を地上に下ろしていたところ、トタン板が思わぬ方向に落下したため、三連はしごを確保していた隊員に当たり受傷したもの。

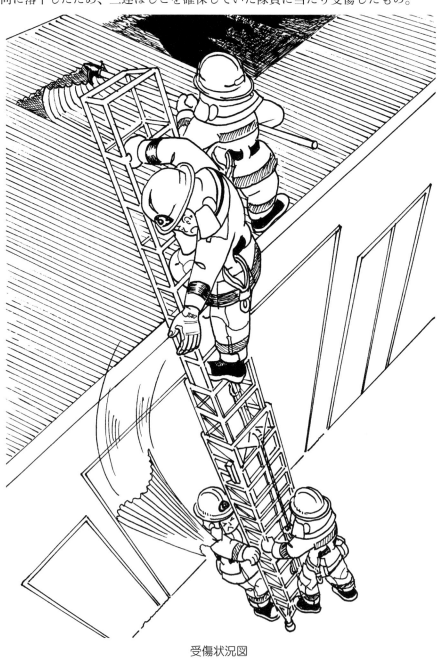

受傷状況図

2　発生日時

平成○年5月　17時35分（覚知からおよそ137分後）

3　焼損程度

防火造1／0作業所　146㎡のうち146㎡焼損（全焼）、防火造2／0作業所併用住宅　延面積の360㎡うち250㎡焼損（全焼）、他にぼや1棟

4　受傷者等

隊名	受傷者	受傷形態	傷病名	程度
Aポンプ小隊	B消防士	落下物	右上腕部打撲	軽症

5　受傷原因等の考察

⑴　指揮者が隊員とともに、三連はしご上で撤去作業に従事していたため、活動場所全体の状況把握が困難であった。

⑵　長時間の活動のため疲労が蓄積したことから、周囲の状況把握と危険に対する配慮が薄れてしまった。

⑶　屋根上の活動隊員、三連はしご上の活動隊員及び地上の活動隊員の連携が不足していた。

⑷　トタン板を落とす作業を継続して実施していたことで活動自体のマンネリ化による緊張感が薄れていた。

⑸　指揮者を中核とした組織的な活動が欠如していた。

6　再発防止対策

⑴　高所より物を落下させる場合は、周囲で活動する隊員等に注意を喚起するとともに、周囲の安全を確認してから、作業を行うこと。また、作業中も転落防止措置をとるなど細心の注意を払い活動すること。

⑵　トタン板などの材質が薄く面積がある物を落下させる場合は、思わぬ方向へ落下するおそれがあることを周知してから活動すること。

⑶　指揮本部長を中心とした安全管理体制のもと活動することはいうまでもなく、安全管理担当隊長や安全管理隊による安全管理を具現化すること。

⑷　上下で活動が分断される作業を行う場合は、指揮者の指揮のもと上下の隊員間のコミュニケーションを十分図りながら作業を行うこと。

【トタン板とケブラー手袋】

　最近はトタン板を使用した家屋は減少してきたが、かつては外壁に使用している住宅が相当あった。火災についてもトタン板を外壁に使用している場合非常に煙が抜けにくく、トタン板をはぐ作業が消火活動にとってルーチン作業の一つのようなものであった。

　トタン板をはぐ作業での受傷者はそのほとんどは、切創による受傷であった。

　トタンの鋭利な部分は、軍手や皮手袋をしていた場合、簡単に切れてしまい手の保護という点ではあまり効果がなかった。そのため受傷を減少させることを目的とした切断に強いケブラー繊維を使用した手袋が作られた。

　ケブラー手袋の効果をよく理解し、災害現場で活用する必要がある。

■事例13　薬品による熱傷

1　概要

　D医科大学（耐火4／1）の2階生物化学実験準備室の火災において、実験準備室中央付近を検索活動中、息苦しさを感じたためボンベ交換を行おうとして脱出しようとし、手探りで脱出口を探していたところ、両手に激痛を感じたもの。

実験準備室入口

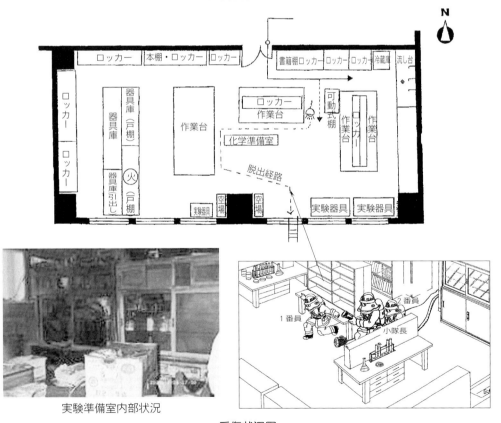

実験準備室内部状況

受傷状況図

2　発生日時

　平成○○年8月　16時21分ころ（覚知からおよそ22分後）

3　焼損程度

耐火造4／1大学　建2,193㎡　延8,861㎡のうち2階15㎡焼損（部分焼）

4　受傷者等

隊名	受傷者	受傷形態	傷病名	程度
Aポンプ小隊	B消防副士長	薬品による熱傷	両手熱傷	中等症

5　受傷原因等の考察

⑴　火災状況

　　最先到着隊が現着時、白煙を確認し、2階に至ると実験室の天井にわずかに黒煙が漂っていた。

⑵　消防隊の活動状況（Aポンプ小隊）

　ア　先着中隊1小隊として出場、消火栓に水利部署しホースカーにより校内の火点直近に部署した2小隊に中継送水した。

　イ　B消防副士長は1小隊長の下命により現場へ先行し、先行隊と合流して中隊長の下命のもと、2小隊長（筒先担当）、B消防副士長、先行隊2番員とともに屋内階段を活用して建物屋内側から火点室へ内部進入した。

　ウ　その後、大隊長から南側開口部を破壊するため退避命令があり、3名ともにいったん脱出した。

6　受傷状況

⑴　開口部破壊後、当該3名の隊員は再度、室内進入したが、B消防副士長は実験準備室中央付近で息苦しさを感じたため、ボンベ交換を行おうとして、2番員に投光器を渡した（B消防副士長が室内進入する前の空気呼吸器のボンベ圧力は、本人の談によれば、15MPaであった。室内進入中に警報ベルは鳴動していなかった。）。

⑵　B消防副士長はその後、何気なく前方へ移動したが、脱出方向を見失ってしまい、手探り状態で脱出口を探していたところ、両手に激痛を感じパニック状態となった。

7　再発防止対策

⑴　出場指令及び出場途上における的確な状況判断、予測

　　救助指定中隊として出場した中隊員全員が、出場途上の無線情報を受信していなかった。指令時に「医科大学」という付加指令があるのであるから、あらゆる想定を考えなければならない。情報が無い、また、情報が不確実であればあるほど、危険側に立った消防活動を行う必要があることから、出場途上における無線情報の受信態勢を確実にとるとともに、雑音等で無線情報が聞き取れなかった場合には、警防本部に聞き返す等の措置をとること。

⑵　関係者からの情報収集時における的確な状況判断

　ア　大学の化学実験室等の災害では、火災時に不用意な室内進入や注水を行うことは非常に危険である。指揮本部長は強い進入統制や活動統制を行い、徹底した隊員の安全確保に万全を期す必要がある。

　イ　大学の化学実験室等は一般的に、少量危険物としての特例区画措置が講じられており、一挙に延焼拡大する可能性は低い。室内に逃げ遅れがなければ、貯蔵物品等が判明するまで、原則として、むやみにホース線を室内に入れる必要はない。

　ウ　指揮本部長等の各級指揮者は、危険性物品の特性及び危険物施設の構造、設備等について、消防活動上必要な知識を修得して指揮活動に生かす必要がある。

(3)　指揮者の隊員掌握

　各級指揮者は、濃煙熱気内に隊員を進入させる場合は、検索救助体形を確保し、空気呼吸器ボンベの圧力確認、面体の気密確認、携帯警報器の作動確認及び緊急時の合図確認等を行うこと。

(4)　濃煙熱気内における検索救助訓練の徹底

　濃煙熱気内の検索救助活動訓練については、①検索救助体形の確保、②空気呼吸器ボンベの圧力確認、③各隊員の空気消費量を踏まえた使用可能時間の確認、④携帯警報器の作動確認、⑤進入前の合図確認、⑥隊員カードの確認、⑦室内進入時刻の確認、⑧室内進入時の時間管理、⑨室内脱出時の隊員の異常の有無を確認するなど徹底した基本技術の練磨を行うこと。

■事例14　転倒

1　概要

　火災現場においては、煙に幻惑されるなどして、転倒受傷する事例が多く発生している。とりわけ、「ホース延長」や「資器材搬送」、「情報収集」といった火災初期の行動時に発生している。

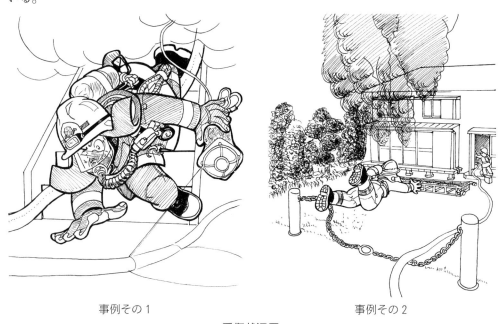

事例その1　　　　　　　　　　　　　　　　　事例その2

受傷状況図

2　発生日時

事例その1	平成〇〇年7月　16時35分ころ（覚知からおよそ8分後）
事例その2	平成〇〇年1月　6時26分ころ（覚知からおよそ7分後）

3　災害種別

　火災

4　受傷者等

	隊名	受傷者	受傷形態	傷病名	程度
事例その1	Aはしご隊	B消防司令補	転倒	両腕打撲	軽症
事例その2	C指揮隊	D消防副士長	転倒	右膝打撲	軽症

5　受傷原因等の考察

(1)　目の前の火災に気をとられたため、目先のホースや障害物に注意が散漫になった。

(2)　延焼中の火災であることから気持ちに焦りが生じ、災害の全体把握ができず、また一点集中という視野の狭くなる状況となるとともに、災害現場が不安全状態であることを予測できなかった。

(3)　明け方や、夕方で周囲は薄暗く視界が悪かったため、足元が確認し難い状況であった。

(4)　経験と慣れから無意識な行動となってしまった。

6　再発防止対策

(1)　災害の大小に関係なく、周囲の状況を確認して、安全管理意識を高揚させること。

(2)　防火衣、防火帽、空気呼吸器等の着装により重心が高くなるとともに、視界が制限されるので、足元には十分に注意すること。

(3)　災害現場は、常に不安全状態であることを認識し、慣れからくる省略行動や不安感から生じる焦りや慌てという心理的ストレス状態を隊員相互が声の掛け合いを励行することで和らげ、受傷事故発生を未然に防ぐこと。

(4)　隊員一人ひとりの危険予知能力を向上させるため、危険予知訓練等を活用し、普段から危険要因の予測と排除に努めること。

2　救助活動

■事例15　ガス爆発

1　概要

　　防火造2階建て事務所併用住宅の2階居室でガス自損行為者の救助活動現場において救助活動中、充満したプロパンガスが何らかの火源により爆発し、隊員等8名が受傷したもの。

受傷状況図

2　発生日時

平成○年 4 月　16時41分（覚知からおよそ18分後）

3　焼損程度

防火造 2 ／ 0 事務所併用住宅　2 階ユニットバス若干

4　受傷者等

No.	受傷者	受傷形態	傷病名	程度
①	A大隊長		顔面・頭部・左頸部熱傷	軽症
②	B指揮担当		顔面・左上肢熱傷	軽症
③	C特別救助隊長		顔面熱傷（Ⅱ度 2 ％）	軽症
④	D中隊長	熱傷	顔面熱傷（Ⅱ度）	軽症
⑤	E救急隊長		気道熱傷・顔面・両手甲等熱傷	中等症
⑥	F特別救助隊員		顔面・右手関節部熱傷（Ⅱ度 4 ％）	中等症
⑦	G特別救助隊員		顔面熱傷（Ⅰ～Ⅱ度 1 ％）	中等症
⑧	H特別救助隊員		顔面熱傷（Ⅱ度 4 ％）	中等症

5　受傷原因等の考察

(1)　事故概要

　　2 階ユニットバス内においてガス自損を図ったもの。

(2)　時間経過

　ア　覚知　　　　16時23分

　イ　活動開始　　16時27分

　ウ　ガス爆発　　16時41分（受傷）

　エ　鎮圧　　　　16時50分

(3)　受傷状況等

　ア　最先到着中隊長は、玄関ドアが施錠され進入不能であったため、三連はしごを東側及び北側に架ていしたが、いずれも施錠されていた。

　イ　特別救助隊が北側窓を破壊し内部進入し、玄関ドアを開放した。

　ウ　内部は若干ガスの臭気が感じられ、可燃性ガス測定器（GX-7）で測定すると最大で爆発下限界（LEL）の10％の濃度を測定した。

　エ　ポンプ隊と特別救助隊により風呂場で浴槽内に座位でいた要救助者を発見、発見した特別救助隊員がガス栓を閉鎖しようとした時、突然爆発し屋内にいた隊員 8 名が受傷した。

　オ　一時退避後、無傷の特別救助隊員 2 名が要救助者（既に社会死状態）を抱えて屋外へ救助した。

6　再発防止対策

(1)　活動原則

　ア　消防活動は、人命救助並びに事故の拡大及び爆発等の二次災害の防止を重点とし、厳重な活動統制下で行うこと。

　イ　ガス漏れ等の危険排除については積極的に化学機動中隊、三本部救助機動部隊の応援要請を行うこと。

　ウ　隊員の行動は厳重に統制し、特に危険と推定される危険区域内（爆発危険区域）で活動する場合は、十分な安全対策のもと必要最小限の人員とすること。

　エ　ガス遮断等の行為は屋外の元栓で行い、屋内での器具操作はしないこと。

(2)　ガス拡散・排除（屋内漏えい）

　ア　ガスの拡散・排除は原則としてガス・電路を遮断した後に行うものとする。

　イ　外気開口部の設定は、風下又は風横側の出入口、扉、ガラス窓等を選定する。ガラス窓を破壊する場合は、ガムテープ等を貼るなど、火花の発生を防止すること。

　ウ　屋内への進入は、測定器によりガス濃度測定を行って安全を確認した後とすること。

　　なお、密閉された室内にはガスが滞留（都市ガスは上部、プロパンガスは下部など。）している場合があるので十分に注意する必要がある。

■事例16　山岳救助（滑落）

1　概要

　渓流釣りのため岩場を降りていた男性が転落・受傷した山岳救助活動において、救助に向かった山岳救助隊員がザイルを使った応急懸垂で降下中に約4.6m滑落し、脊椎圧迫骨折等の中等症を負ったもの。

受傷状況図

2　発生日時

　平成○年 6 月　14時15分ころ

3　受傷者等

隊名	受傷者	受傷形態	傷病名	程度
Ａ山岳救助隊	Ｂ消防士長	岩場で足を滑らせ滑落	背椎圧迫骨折	中等症

4　事故の発生概要

⑴　バスケット担架等の必要資器材を携行して入路を現場に向かった。

⑵　救出に必要な資器材を搬送するために、隊員が降下ザイルを活用して川原に降下を開始した。

⑶　降下中、岩場で足を滑らせ約4.6m下の川原の岩場に頭部から転落、受傷した。

5　再発防止対策

⑴　降下進入する場合は、座席懸垂又はロープ確保、山岳用ウインチ等を活用し、安全確実な手段で進入すること。

⑵　登はん進入する場合は、ロープ確保、登降器（ユマール）等を活用し、転落、滑落の二次災害の発生防止を図ること。

⑶　装備や力量以上の無理な活動は厳に慎み、隊員の安全確保には万全を期して二次災害の防止に努めること。

⑷　救助方法、手段は安全確実を最優先し、要救助者の状況、活動環境、気象変化及び長時間活動等に配意するとともに、人員、資器材等部隊の能力を考慮し決定すること。

⑸　山岳救助活動は、地形、地物、気象状況等により制約され、また、危険が伴うことから強力な指揮統制を行うとともに、安全管理に十分配意すること。

⑹　夜間の検索及び救助活動は、原則として隊員の安全確保が十分図れる場合に行うこと。

⑺　交替要員の確保及び交替時期並びに応援要請は、活動時間、活動内容、気象状況等から判断し、時機を失せず行うこと。

■事例17　機械事故

1　概要

　クッキー引き延ばし機に指を挟まれた傷病者の救助活動において、ローラー軸受け部分をレスキューツールで広げていた際にローラー軸受け部分の部品が弾け飛び、顔面に当たり受傷したもの。

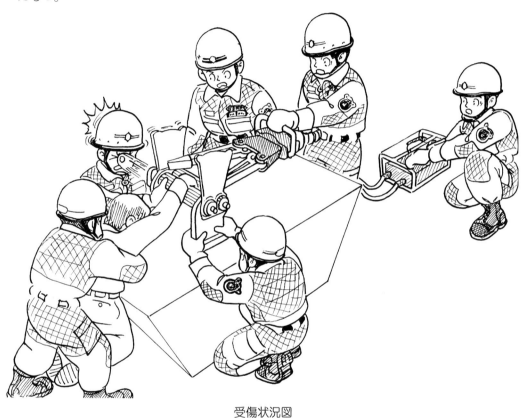

受傷状況図

2　発生日時

　平成○○年３月　11時30分ころ（覚知からおよそ23分後）

3　受傷者等

隊名	受傷者	受傷形態	傷病名	程度
Ａ特別救助隊	Ｂ消防士長	加圧により弾け飛んだ部品による挫創	上口唇挫創	中等症

4　特別救助隊の活動状況（Ａ特別救助隊）

⑴　特別救助隊は、車両積載の工具等を活用し、引き延ばし機のローラー部分の分解作業に着手した。

⑵　ボルト類をすべて取り外した後、スプレッダーにてローラー部を引き延ばし、傷者の挟まった手を外そうと試みた。

5　受傷原因等の考察

⑴　ローラー部を2名の特別救助隊員（内1名が受傷者）が両脇から押さえ、他の隊員がスプレッダーを活用し、ローラー軸受け部分を広げる作業に入った。

⑵　スプレッダーにて、ローラー軸受け部を加圧した際、部品が弾け飛び、ローラーを抑えていた1名の顔面に当たり受傷した。

　　なお、ローラー軸受け部にボルトが1本残っており、スプレッダーの加圧によりボルトが破損し、部品が弾け飛んだ。

6　再発防止対策

⑴　指揮本部長及び隊長は、活動スペースの確保、最適な資器材の選定、任務分担の指示等活動環境の安全確保を図ること。

⑵　機械の構造、機能、安全装置等について、専門的知識を有する関係者から意見、助言等を得て安全かつ効率的に活動すること。

⑶　各級指揮者は、活動方針及び活動方法を活動全隊員に対して具体的に指示するとともに、共通の認識のもとで救助活動に当たること。

　　また、危険要因を先取りした活動を行うこと。

3　危険排除

■事例18　咬傷（猫）

1　概要

　車のダッシュボード内に猫が入りこみ出られなくなったとの通報で出場、現場において車のダッシュボード内に入りこんだ猫を捕まえようとしたところ、左手を噛まれ受傷したもの。

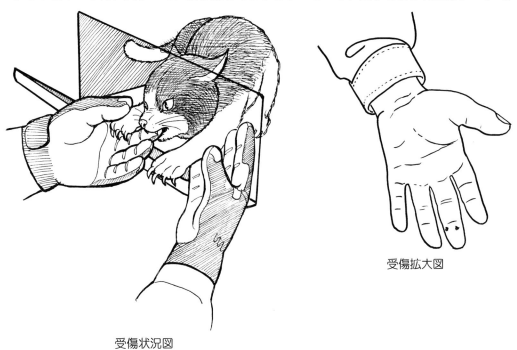

受傷状況図

受傷拡大図

2　発生日時

　平成○年6月　19時ころ

3　受傷者等

隊名	受傷者	受傷形態	傷病名	程度
Ａポンプ小隊	Ｂ消防士	猫による咬傷	左手第3指咬傷	軽症

4　受傷後の処置

⑴　活動終了し、帰署途上猫に噛まれたことを中隊長に報告した。中隊長は、噛まれた部分を確認した。

⑵　帰署後、傷の状況を隊員に確認し大丈夫とのことであったが、傷の消毒を行うように指示した。

⑶　翌朝、噛まれた部分が腫れて痺れてきたことを報告、中隊長は受傷の概要を大隊長に報告した。その後、破傷風ワクチンを接種した。

5　受傷原因等の考察

⑴　ダッシュボードの分解ができなかったことから、ダッシュボードの狭い空間に手を差しこみ猫を捕まえようとした。

⑵　皮手袋1枚のみで猫を捕まえようとした。

⑶　猫に噛まれただけということで安易に考えたことから、大隊長に報告することなく、消毒液のみによる手当てをした。

6　再発防止対策

⑴　過去の事例からみても、追いこまれた猫などの動物は、噛む、引っ掻くなどの行動をとることから、安易に手など差し出すことなく袋などを活用した捕獲にも配意すること。

⑵　執務服のみの活動では危険であると判断した場合は、躊躇することなく防火衣を着装するなど危険側に立った活動に考慮すること。

⑶　ケブラー手袋は、猫の牙などは刺し通すこともあるので、十分に注意した活動をすること。

⑷　猫等動物の牙、爪には雑菌が付着していることを考慮し、噛まれただけと安易に考えることなく、医療機関による処置を受けるよう配慮すること。

⑸　受傷した場合は、速やかな報告と適切な処置を怠らないこと。

【動物咬傷】例：犬咬傷

1　犬の口内にはブドウ球菌、レンサ球菌、その他種々の細菌、ウイルスが多く存在する。咬まれた場合は感染の危険性を考え、治療に当たる。

2　基本的治療

⑴　傷の周囲を水、又は石鹸水で洗浄する。

⑵　傷を過酸化水素水又はヒビンデ水で十分洗浄消毒する。

⑶　創縁、及び挫滅組織を切除する。

⑷　創は原則として開放性とする。ただし、創が小さく新鮮なもの、顔面、関節周囲、血管や神経が露出しているものは緊縛しない程度に縫合する。

⑸　抗生剤と破傷風トキソイドの投与を行う。重症例では、テタノブリン（乾燥抗破傷風人免疫グロブリン）も使用する。

■事例19　蜂刺され

1　概要

　欅（けやき）の木にあるスズメバチの巣を駆除するため、蜂防護衣を着装後、殺虫剤により蜂を駆除するとともに、巣をビニール袋に除去した。その後、欅の木に残った蜂の巣をとび口により除去している際、飛来してきたスズメバチに両手を刺され受傷したもの。

受傷状況図

除去したスズメバチの巣

蜂に刺された部分（付箋部）

2　発生日時

　平成○年８月　12時ころ

3　受傷者等

隊名	受傷者	受傷形態	傷病名	程度
Ａポンプ小隊	Ｂ消防副士長	両手を蜂に刺されたもの	蜂刺傷	軽症

4　受傷原因等の考察

⑴　三連はしごを架ていし、欅の木に三連はしごをロープで固定する際に活動しずらいことから、防護衣用手袋を外し、そのままの状態で蜂の巣を除去した（皮手袋、軍手、ケブラー手

袋を重ねて着用）。

⑵　隊長による蜂防護衣の着装状況の確認がなされなかった。

5　再発防止対策

⑴　各級指揮者は、蜂の巣の駆除作業を安易に考えることなく、蜂防護衣の完全着装を確認するとともに、蜂防護衣着装隊員以外の隊員の配置について作業場所に近づけないなど十分考慮すること。

⑵　蜂防護衣配置署以外の署については、蜂の巣の駆除作業に出場した場合、状況に応じて躊躇することなく蜂防護衣の要請を行うこと。

⑶　蜂に刺された場合は、アナフィラキシーショックを考慮し、蜂に刺されただけだと安易に考えることなく、医療機関にて診察を受けるよう配意すること。

【アナフィラキシーとは…】

　蜂毒、食物、薬物等が原因で起こる急性アレルギー反応の一種である。じんましんや紅潮などの皮膚症状、呼吸困難、めまい、意識障害などの症状が表れることがあり、血圧低下などの血液循環の異常が急激に表れるとショック症状を引き起こし生命を脅かすような危険な状況に陥ることがある。これをアナフィラキシーショックと呼ぶ。

　アナフィラキシーを起こすきっかけとして、蜂毒アレルギー、食物アレルギー、薬物アレルギー等がある。また最近では、この他にも天然ゴム（ラテックス）によるアレルギーにも注目されている。

　蜂毒アレルギーの症状は、局所の腫れからアナフィラキシーショックまで様々である。

　蜂毒アレルギーでなければ、痛みや腫れなどの局所症状で表れるのみであるが、蜂毒アレルギーの場合は、極めて強い反応が起こり、嘔吐、寒気、全身のじんましんといった全身症状から呼吸困難や意識障害などのショック症状が表れ、時には死に至る場合がある。アナフィラキシーが表れるのは、通常、刺傷後15分以内だが、症状が早く表れるほど重症化する傾向があると言われている。

　　（アナフィラキシーショック対策フォーラム〈アナフィラキシーに関する知識のターミナル〉参照）

---

4 PA連携

■事例20 PA連携（加害）

1 概要

男性の飲酒酩酊による救急現場において、傷病者を搬送中に付き添いの男性が傷病者の革靴で隊長、機関員等の頭部を殴打したもの。

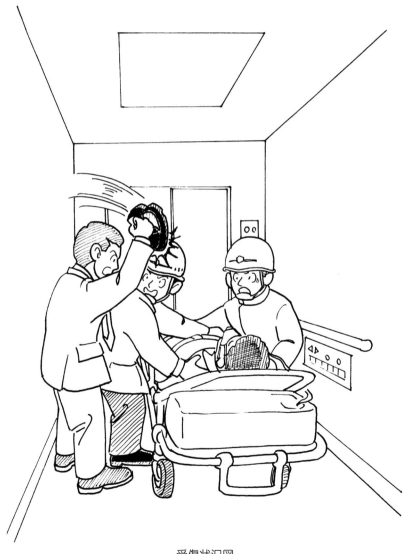

受傷状況図

2　発生日時

平成○○年4月　2時37分ころ

3　受傷者等

隊名	受傷者	受傷形態	傷病名	程度
A救急隊	C消防司令補 D消防士長	加害者に革靴で保安帽の上から殴打されたもの。	頭部打撲、頸部打撲	軽症
	E消防副士長	同上、更に右大腿部と臀部を足蹴りされたもの。	頭部打撲、頸部打撲 右大腿部及び臀部打撲	
Bポンプ小隊	F消防副士長	同上	頭部打撲、頸部捻挫	

4　受傷状況

(1)　飲食店で男性（51歳）が酩酊し、床上に仰臥位の状態でおり、一緒に飲酒していた男性（加害者）が付き添っていた。

(2)　観察を開始すると男性（加害者）が「早く搬送しろ。」と怒鳴った。

(3)　1階に搬送するためエレベーターに乗りこもうとしたところで、男性（加害者）が無理に乗りこもうとしたため、「次のエレベーターで降りてきて欲しい。」と依頼したが「俺は身内だ。」と怒鳴った。

(4)　エレベーター内で救急隊長と救急隊員の頭部を保安帽の上から各1回殴打した。

(5)　1階エレベーターホールでサブストレッチャーを誘導していた救急隊員の頭部を保安帽の上から殴打した。

(6)　メインストレッチャーに移し替える時も、救急隊員とポンプ隊員が保安帽の上から殴打された。

(7)　警防本部へ応援要請（指揮隊と警察官）

(8)　車内収容時も、男性（加害者）が静止を振り切り車内に乗り込み、「早く病院に行け。」と怒鳴った後、車内で救急隊員の右臀部及び右大腿部を1回ずつ足蹴りした。

5　再発防止対策

(1)　出場時に防刃チョッキを着装し身体の防護を図るとともに、指揮隊や警察官との連携を念頭において活動すること。

(2)　突然の加害行為に及ばれることを予測して、傷病者の観察や処置を行うこと。

(3)　傷病者だけでなく、付き添い者や周囲の者の動向にも十分注意して活動を行うこと。

(4)　活動中は不安感や焦燥感にある傷病者や関係者の心情や立場を理解し、沈着冷静な規律ある態度で行動すること。

(5)　万が一、加害行為に及ばれた場合は、傷病者及び隊員の安全確保に十分な配意を行うとともに、警防本部、捜査機関と緊密な連携を取りながら適正に対応すること。

(6)　妨害行為、加害行為の処理に当たっては、毅然とした態度と断固たる姿勢で臨むこと。

第2節　訓練、演習現場における受傷事故事例

■事例1［訓練］　バスケットとの挟まれ事故（はしご車）

1　概要

　庁舎5階に伸てい後、はしご車バスケット内において、50mmホース吊り下げ作業を実施中、ホースに結合されていた管そうの結合部分が操作部主スイッチ（以下「デッドマンペダル」という。）に触れ、スイッチが入った。その時、作業中の受傷隊員の胸に下がっていた面体がてい体伸てい用の操作レバーに触れたため、てい体が約65cm伸ていした。

　意図しない操作により伸ていしたため、体を乗り出して作業をしていた受傷隊員の防火帽がバスケットの外枠と5階通路部分の天井の間に挟まった。

　なお、受傷した隊員が伸ていに気づいて瞬間的に体をひねったために、触れていた操作レバーがもどり、伸ていが停止したものである。

デッドマンペダルの状況

バスケット内の資器材の状況

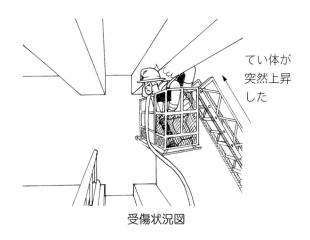

受傷状況図

2　発生日時

平成○年6月　16時10分ころ

3　受傷者等

隊名	受傷者	受傷形態	傷病名	程度
Aはしご隊	B消防副士長	挟まれ	頭部打撲	軽症

4　はしご車の訓練における安全措置

(1)　連携訓練

　　はしご車訓練を実施する場合は、はしご隊（3名）単独で実施することなく、必ず、他隊と連携した訓練想定により実施すること。また、訓練中は、各自の行動を明確にするため、活動の進捗状況を声に出し、隊長、隊員間の連携を図ること。

　　なお、隊長は、隊員等に対して危険要因を具体的に指示するなどして事故防止に努めること。

(2)　機関員の操作

　　はしご車を活用した訓練を実施する際、機関員については、てい体操作（バスケット操作時を含む。）が終了するまで、常時、安全監視に努めること。

　　また、バスケット操作時、予期せぬ操作と判断した場合は直ちに、緊急停止ボタン操作や基部側のデッドマンペダルを踏むなど、速やかにてい体操作を停止できる態勢をとること。

　　なお、緊急停止ボタン、デッドマンペダルの解除ついては、バスケット操作員等の安全が確認されてから解除すること。

(3)　デッドマンペダルへの配慮

　　隊員等は、バスケット内に管そう、ホース及び救助ロープ等を積載して架てい操作する場合、デッドマンペダル保護カバー内に資器材が入らないよう資器材整理に努めるとともに、常にデッドマンペダル付近に注意を払うこと。

⑷　操作レバーへの配慮

　　隊員等はバスケット内で活動する場合、操作レバーに呼吸器の面体、単はしご、とび口及び救助ロープ等が接触して誤作動することのないよう操作レバーに注意を払うこと。

　　なお、今回の事故事例のように、自分でデッドマンペダルを踏んでいないと認識していても資器材が入り込み、スイッチが入る場合があるので、操作レバーの接触には十分注意すること。

5　再発防止対策

⑴　消防活動現場等においては、「一点集中」、「習慣的動作」等の人間特性による背後要因が無数に潜んでいる。各隊長、隊員の安全管理に対する「確認呼称」は、単に声を出すだけではなく、これらの危険要因を排除する最も有効な手段であることを強く認識しておくこと。そのためにも、日ごろから積極的に隊のコミュニケーションの醸成に努めることが大切である。

⑵　受傷事故に対し、真の原因究明の観点から、受傷者を含む当該隊の隊長、機関員から聞き取り調査を実施した。その中で、受傷した隊員は「過去のはしご車に起因する事故事例（安全管理情報、装備情報）や体験談等を聞いていたため、突然はしごが伸ていした際、自分の面体がレバーを押しているのだと判断して、とっさに体を捻りレバーを戻す行動がとれた。」と語っている。

　　このことは、当該隊の 3 人が日ごろから過去の事故事例や体験談などを話し合うなどコミュニケーションを図っていたので、隊長、機関員の体験談等が頭のどこかに残っていたため、隊員が冷静な判断をとることができたものと思われる。

　　本受傷事故を想定し、各署で自己隊のバスケット内において、どのような動きや状態の時に操作レバーに接触して誤作動してしまうのか、実際に自己車両のバスケットに資器材を積載して検証するとともに、自己車両の諸元・性能をよく熟知し、再発防止を図ること。

■事例2［訓練］　水難救助訓練

1　概要

　潜水訓練中（ジャックステイ検索）、魚網に引っ掛かった隊員が、この排除作業直後に、水中無線機のマスク内に浸入した水を不意に飲み込んだため、パニックを起こし水深13mの海底から急浮上し潜函病となったもの。

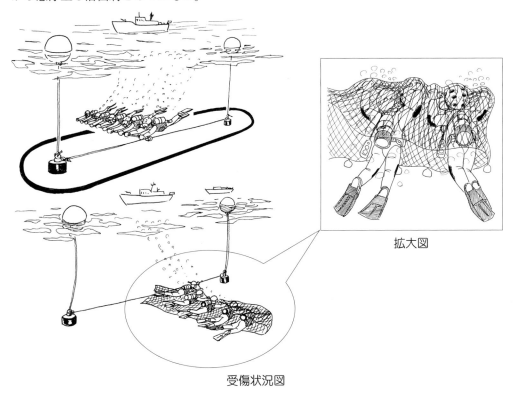

拡大図

受傷状況図

2　発生日時

　昭和○○年3月　14時30分ころ

3　発生場所

　○○港○○区第3区

4　受傷者等

隊名	受傷者	傷病名	程度	潜水経験
A水難救助隊	B消防士	潜函病	中等症	26回　延べ10時間

5　訓練場所の状況

(1)　潮位等

満潮　15時39分（中潮）、潮流　ほとんどなし、水面13℃、海底10℃～11℃

(2)　海上

訓練海域は、航路から離れ、航行船の影響が少なく波は穏やかで、魚網等の設置を標示する浮標（ブイ）は視認されなかった。

(3)　海底の状況

水深は13mで海底はやや起伏があり、ヘドロが約0.5m堆積し、視界は約0.5mである。潜水通過後は、ヘドロが浮上し、視界が0となった。

6　訓練概要

二つの沈錘（アンカー）間を100mロープで結び、これを基導索として海底に設定、水難救助隊員5名によるジャックステイ検索技能の向上と水中無線機の取り扱いに習熟することを目的としたものである。

7　事故の発生概要

(1)　14時10分、5名の隊員による潜水訓練を開始し、出発点から約7mの海底にテグス製の魚網が横たわっているのを5名が確認し、障害を排除しながら通過した。折り返し点を回り、基導索を挟んで反対側へ戻る途中、出発点の約7m手前の位置で再び魚網に遭遇した。

(2)　基導索側の魚網は、基導索により押さえられ海底に伏した状態であったため、基導索側の隊員3名（①番、②番、③番員）は網に触れることなく通過したが、索端側の網は立ち上がっていたため、2名（④番、⑤番員）が引っ掛かってしまった。

(3)　④番員は頭部に魚網が引っ掛かったが、自分で排除した。⑤番員のB消防士は最初にレギュレーター部分が引っ掛かり、これを排除しているうちに腰部の無線機本体、次に頭部が引っ掛かってしまった。

(4)　B消防士は自力で排除不能と判断し、細索による緊急連絡を送り応援を求めた。④番員は合図を受けて、B消防士に近づくと魚網にかかっているのを確認したので、二人で排除作業を行った。

(5)　B消防士は魚網排除作業中に、レギュレーターのマスクから水が少しずつ浸入し、呼吸がしにくくなり、更に魚網の排除を完了したときにマスク内の水を2回飲んでしまい、慌てて急浮上したため潜函病となったもの。④番員はB消防士の後を追って浮上し、他の隊員は、①番員の合図でそれぞれ浮上した。

8　受傷原因等の考察

(1)　水を飲んだため、パニック状態となりパージボタン（マスク内の水を排除する装置）を押せなかった。

(2)　障害物排除及び機器取り扱い技術に欠けた。

(3)　往路の魚網の状況から復路にもある危険性があることを予測できなかった。

(4)　障害物の状況が水中無線機で隊長に報告されなかったため、隊長による適切な指示がなされなかった。

(5)　水中における各隊員間の連絡方法に明確性を欠いたため、水中で全隊員による支援ができなかった。

9　再発防止対策

(1)　潜水前に緊急事態に備えた対応要領や危惧の確認を実施し、水中においては冷静な行動に努めること。

(2)　訓練は段階的に行い、十分な基礎訓練を積んでから高度な訓練に入る。特に新たな装備資器材は諸元性能及び取り扱いの習熟を図ること。

(3)　危険予知訓練を実施し、障害物等の排除など活動障害発生時の対応能力を高めておくこと。

(4)　活動に支障を来すと思われる障害物を発見したときは、いったん浮上し、全員に周知するとともに、隊長に報告すること。

(5)　潜水前に連絡方法を再度確認し、水中での連絡体制を確立すること。

(6)　救急要請に当たっては、受傷者の症状、消防艇の位置及び達着可能場所など、警防本部と連絡を密にし、早期に適応医療機関へ収容する方策をとること。

■事例3［訓練］　水難救助車からの転落

1　概要

　　水難救助訓練実施中、水難救助車両の屋根から救命ボートを降下させるため、安全帯のカラビナを外して架け替えようとした際に、強風により浮上したゴムボートに押されてバランスを崩し、車上から地上（3.2m）に転落したもの。

受傷状況図

2　発生日時

　　平成○○年4月　14時04分ころ

3　事故発生時の風位・風速

南南西、12m／秒（強風波浪注意報発令中）

4　受傷者等

隊名	受傷者	受傷形態	傷病名	程度
Ａ水難救助隊	Ｂ消防副士長	高所転落	両肘骨折、頸椎捻挫、両膝打撲	中等症

5　受傷原因等の考察

⑴　強風波浪注意報が発令中に発生した受傷事故であった。

⑵　受傷事故が発生したにもかかわらず、他の訓練隊への注意喚起、中止等の措置がとられなかった。

⑶　受傷隊員は、安全帯を着装していたが、救命ボートの固定ベルトを架け替えるため、支点から安全帯のカラビナを解除した時、突風に煽られた救命ボートに押され車上から転落した。

6　再発防止対策

⑴　訓練当日の気象に応じた訓練実行の可否判断

　　気象に関する警報や注意報が発令されているような荒天時又は訓練環境急変時は、躊躇することなく訓練を中止するか、訓練内容を変更すること。

⑵　高所作業時の確保の徹底

　ア　高所作業においては、必ず自己確保ロープ又は安全帯により身体確保を行い、自らの安全を確保して活動すること。

　イ　高所作業時に確保用支点を変更する場合は、新たな支点を確保後に従前の支点を解除することにより、確保支点の間隙を生じないようにすること。

　ウ　止むを得ず、自己確保を離脱する場合は、不測の事態を想定して、更なる注意力を喚起して慎重に行動すること。

　エ　高所で活動する場合は、必ず安全主任者、安全員を配置するとともに、危険な場合は直ちに作業を中止させること。

　オ　高所作業を行う場合は、保安帽を着用すること。特に、水難救助隊が高所作業を行う際は、水難救助用ヘルメットではなく、保安帽を着用すること。

■事例 4 ［訓練］　消防活動訓練

1　概要

　技能確認（ポンプ操作）を実施中、本送水を行った直後に、筒先保持員が急激な放水反動力の上昇により、筒先を保持しきれずに、筒先を放したため蛇行し、付近で毎月点検を行っていた消防士の右ひじに当たって受傷し、更に庁舎外壁に激突して管そう及びノズルチップを損傷したもの。

受傷状況図

2　発生日時

平成○○年2月　14時27分ころ

3　受傷者等

隊名	受傷者	受傷形態	傷病名	程度
Aポンプ小隊	B消防士	強打	右肘挫創	軽症

4　受傷原因等の考察

(1)　状況認知、判断からの考察

ア　中隊長は、点検整備を実施している付近で放水することについての危険性を認識しておらず、必要な配慮をしていない。

イ　機関員は高圧放水及び急激な放口操作の危険性について十分認識していない。

ウ　中隊長は、点検整備、技術効果確認という自己所管事項に対し十分な監督をしていない。

(ア)　安全主任者、安全員等の配置がなされていない。

(イ)　筒先保持員の補助者が任務指定されていない。

(ウ)　機関員の位置から筒先保持員が視認できない。

(エ)　管そうの保持方法が不適であった。

(2)　物理環境からの考察

ア　毎月点検と隊員の技術効果確認を同一敷地直近で行っていること。

イ　技術効果確認の責任者である、A中隊長の確認位置では十分な監督ができない状態であった。

ウ　21型ノズルの使用、放水を元の水利に還流する等の隊員の技能確認における設定条件を遵守していない。

(3)　心理的要因からの考察

ア　機関員は効果確認という環境から、時間を気にするあまり焦りが生じた。

イ　中、小隊長は放水操作について慣れから、安全確認を怠った。

5　再発防止対策

(1)　技能確認実施時はタイムにただとらわれることなく、定められた放水圧力を厳守し、急激な送水は行わないこと。

(2)　訓練実施時は安全側に立って、必要なスペースを確保するなど、訓練環境の安全保持に努めること。

(3)　管理監督者は、基本的な事項を忠実に守らせ、省略行為などは厳しく対処すること。

(4)　技能確認実施時は、定められた要領、資器材を活用し、適正に行うこと。

(5)　高所で行う訓練には、必ず安全主任者の配置を行うこと。

　　放水時は、筒先保持要領に準じて確実な保持を行い、必要に応じて補助者の指定、管そうバンドの活用など不測の圧力変動に備えること。

■事例 5　[訓練]　転倒　その 1

1　概要
救助技術訓練中に転倒し、受傷したもの。

受傷状況図

2　発生日時
平成○○年 4 月　11時45分ころ

3　受傷者等

隊名	受傷者	受傷形態	傷病名	程度
A特別救助隊	B消防副士長	ひねり、転倒	右足関節捻挫	軽症

4　受傷原因等の考察
⑴　二人一組で検索のため安全マットから地面に降りようとした。
⑵　隊員同士が接触したため、バランスを崩しながら着地した。
⑶　着地時に右足をひねり転倒、受傷した。

5　再発防止対策
⑴　迅速性、タイムにばかりとらわれることなく、安全・確実な行動を心掛けること。
⑵　反復訓練による受傷事故は、集中力が途切れた時発生することが多いことから、実施回数、時間を短くし、休憩を取り入れるとともに、適時、隊員の状況を確認しながら声を掛け合うなど、注意力を喚起すること。
⑶　部分訓練でも安易な気持ちで実施することなく、基本的な活動も確認呼称を行う等自らの気を引き締めて行動すること。

■事例6 ［訓練］　転倒　その2

1　概要
消防活動訓練中転倒し、受傷したもの。

受傷状況図

2　発生日時
平成○○年7月　16時30分ころ

3　受傷者等

隊名	受傷者	受傷形態	傷病名	程度
Aポンプ小隊	B消防副士長	つまずき、転倒	左上腕三頭筋挫傷	軽症

4　受傷原因等の考察
　消防活動訓練中、送水小隊員として先行隊のポンプ車にホースを中継した後、余裕ホースを整理しようとした時、先行ポンプ車から連結送水管に送水しているホースにつまずき転倒、受傷したものである。

5　再発防止対策
⑴　空気呼吸器及び防火着装等をしている場合、少しの段差を越える場合でも足腰に思わぬ荷重がかかり、転倒しやすくなるので、足元を確実に確認してから行動すること。
⑵　訓練中に多く発生している事故の中には、「ホースに乗って足をひねる」「ホースにつまずいて転倒」が挙げられる。上部及び前方へ注意を集中するあまり、足元への注意力が低下することがあるので、足元にも注意を向けること。
⑶　安全主任者等は、常に危険を察知した場合は毅然とした態度で危険要因の排除を指示すること。

救急における受傷事故事例

■事例1［救急］　感染症事故

1　概要

　　発熱と咳の継続を訴える傷病者を医療機関に搬送したところ、医師より「検査の結果、結核の疑いあり」との連絡があったもの。

受傷状況図

2　救急事故の概要

　　80代の男性が、自宅において発熱と咳が数日間継続したため家族が救急要請したもの。救急隊は傷病者を医療機関に収容後に医師より、「検査の結果、結核の疑いあり。」との連絡を受けた。そのため、救急隊3名は、臨時健康診断を受診することとなった（傷病名　発熱、程度中等症）。

3　受傷者等

　　○○消防署○○救急隊員3名

4　事故発生時の状況

⑴　救急隊は出場指令の内容から一般の救急事故を想定し出場した。

⑵　現場において家族、傷病者から状況聴取を実施したが、結核の感染が疑われる情報は得られなかった。

⑶　直近の二次医療機関に搬送連絡を入れ傷病者を収容した。

⑷　数時間経過し、収容した医療機関の医師から、「検査の結果、結核の疑いあり。」との連絡があった。

⑸　現場における感染防止措置が不十分であったため、救急隊3名は臨時健康診断を受診することとなった。

5　再発防止対策

⑴　救急活動においては、傷病者の血液、嘔吐物等への直接接触を避けるなど、感染防止に十分な措置を講じること。

⑵　観察の結果、外傷性の出血、吐血、喀血、嘔吐物、排泄物等がある場合は、直接接触を避けるとともに、救急活動中に手指等に創傷を作ることがないように注意すること。

⑶　咳、嘔吐の症状がある傷病者に対しては、飛沫感染を防止するために、マスクを着用させること。

⑷　外傷性出血、分娩等の救急処置に当たっては、血液等により手指、腕が汚染されることのないようにゴム手袋や腕カバーを着用すること。

⑸　傷病者をストレッチャーに収容する場合、事前にシーツ等を活用し、ストレッチャーや救急自動車内の汚染防止に努めること。

■事例 2 ［救急］　腰椎捻挫

1　概要

　救急活動現場において傷病者を車内収容するため、メインストレッチャーに収容し、最上段まで傷病者を持ち上げたところ、腰部に激しい痛みを感じたもの。

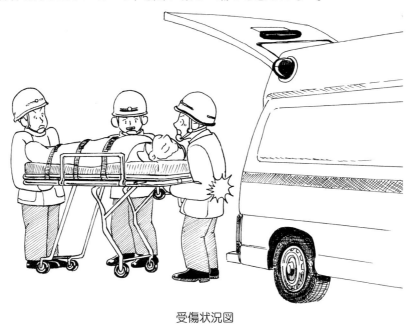

受傷状況図

2　救急事故の概要

　30代の男性が就寝中に腹痛となり、様子を見ていたが症状に改善がなく救急要請したもの（傷病名　急性腹症、程度　中等症）。

3　受傷者等

⑴　職名等　救急小隊　機関員　消防副士長
⑵　傷病名　腰椎捻挫
⑶　程　度　中等症

4　受傷状況

⑴　受傷者は、救急小隊の機関員として出場、現場まで機関運用し、その後は資器材搬送を行った。
⑵　救急隊長は直近の整形外科への搬送を判断したため、機関員は医療機関に搬送連絡を行った。
⑶　サブストレッチャーを活用して傷病者を屋外に搬出し、メインストレッチャーに収容した。
⑷　傷病者を乗せたメインストレッチャーを救急自動車の後方まで曳行し、車内収容のために

最上段に持ち上げたところ、腰部に激しい痛みを感じたもの。

5　再発防止対策

(1)　救急活動中における安全管理の主体は、救急隊員にあることを強く認識し、自らの安全は、自らが確保すること。

(2)　救急隊員は、受傷事故防止のために、心身の鍛練に努めるとともに、非番日等においては充分な休養を取ること。

(3)　救急隊員間の連携不足、意思疎通の欠落により、受傷事故が発生しないよう、訓練を実施し、チームワークの醸成を図ること。

(4)　傷病者を移動又は搬送する場合は、腰部に負担がかからない姿勢を心掛け、可能な限りのマンパワーを活用すること。

■事例3［救急］　針刺し事故

1　概要
　救急活動現場において、傷病者の自宅の床に落ちていた使用済みの血糖値測定用針を誤って踏みつけ、左足の拇指に刺したもの。

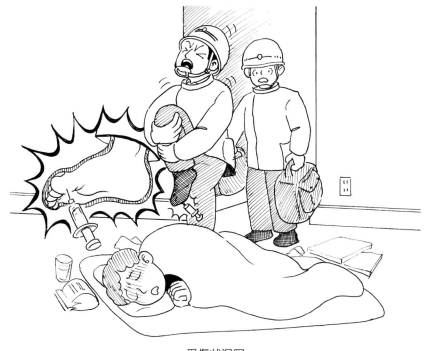

受傷状況図

2　救急事故の概要
　80代の女性が自宅において低血糖発作を起こし、家族が救急要請したもの（傷病名　低血糖発作、程度　軽症）。

3　受傷者等
⑴　職名等　救急小隊　隊長　消防司令補
⑵　傷病名　針刺し
⑶　程　度　軽症

4　受傷状況
⑴　受傷者は、救急小隊の小隊長として現場に出場し、傷病者宅の玄関に到着した。
⑵　救急隊長は傷病者と接触するため玄関から居室内に進入した。
⑶　観察のために傷病者に近づいたところ、左足の拇指に痛みを感じ、確認したところ使用済みの血糖値測定用針が刺さっていたもの。

5　再発防止対策

⑴　救急現場においては、常に感染危険があることを念頭に活動し、隊員間の情報の共有化や危険因子の排除に努めること。

⑵　血液で汚染された鋭利物で救急隊員が受傷した場合は、直ちに創傷部から血液を絞り出し流水で十分に洗い流し消毒すること。

⑶　血液で汚染された救急廃棄物は、回収容器に廃棄すること。

■事例 4 ［救急］　体液曝露

1　概要
傷病者をメインストレッチャーで搬送中に傷病者が突然嘔吐し、吐物が顔面に付着したもの。

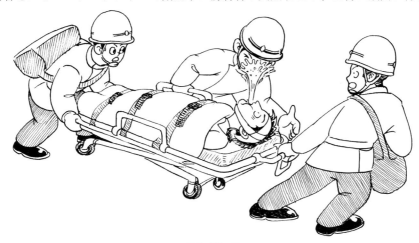

受傷状況図

2　救急事故の概要
40代の女性が飲食店内で転倒し頭部を受傷したもの。創傷処置と固定処置を実施後に傷病者をメインストレッチャーに収容し搬送を開始した。搬送中に傷病者が突然嘔吐し、吐物が救急隊長の顔面に付着したもの。

3　受傷者等
⑴　職名等　救急小隊　隊長　消防司令補
⑵　傷病名　吐物曝露
⑶　程　度　軽症

4　受傷状況
⑴　傷病者の観察を行い、創傷処置と固定処置を実施後に傷病者をメインストレッチャーに収容し搬送を開始した。
⑵　救急隊長は傷病者の頭部側でメインストレッチャーを曳行しつつ、傷病者の継続観察を実施していた。
⑶　傷病者が突然嘔吐し、吐物が救急隊長の顔面に付着したもの。

5　再発防止対策
⑴　観察の結果、血液、嘔吐物、排泄物等がある場合、感染防止に十分配意して行動すること。
⑵　感染の危険がある傷病者に対しては、可能な限り直接接触を避けること。
⑶　観察、救急処置を行う前に手袋を装着し、感染防止に配意すること。
⑷　血液、体液等で救急隊員の皮膚等が汚染された場合は、流水で十分に洗い流し消毒すること。

■事例5　［救急］　妨害事故・加害事故

1　概要

　　救急活動現場において傷病者に付き添っていた男性が突然興奮状態となり、なだめようとした救急隊員が顔面を手拳で殴打されたもの。

受傷状況図

2　救急事故の概要

　　20代の女性が自宅において多量の薬物を服用し、意識障害となったもの。付き添っていた夫が興奮状態であったため、救急隊員がなだめようとしたところ、顔面を手拳で殴打されたもの。

3　受傷者等

　⑴　職名等　救急小隊　隊員　消防士長
　⑵　傷病名　口唇部挫創
　⑶　程　度　軽症

4　受傷状況

　⑴　受傷者の救急隊員は、現場到着後、救急隊長とともに傷病者宅に進入した。
　⑵　傷病者は、多量の精神安定剤を服用しており、自宅の居室で意識障害となっており、夫に付き添われていた。
　⑶　傷病者に付き添っていた夫が興奮状態であったため、救急隊員がなだめようとしたところ、

顔面を手拳で殴打されたもの。

5　再発防止対策

⑴　繁華街や花見等の現場、集団行動等が行われている現場へ出場指令があった場合は、あらかじめ妨害行為を予測して救急隊員の増強等、事故防止に配意すること。

⑵　救急活動中は、不安感や焦燥感にある傷病者、家族等関係者の心情や立場を理解し沈着冷静な規律ある態度で行動すること。

⑶　傷病者、関係者等の言動から、救急隊員に暴力を振るうおそれがある場合は、現場の警察官に安全確保の協力を求める。また、警察官が不在の現場においては、警防本部に状況を報告し、警察官を要請すること。

⑷　現に暴れており、救急隊員に危害を加えると判断される場合は、一次的に避難し、暴力を受けないよう配意するとともに、一時的に救急活動を中断すること。

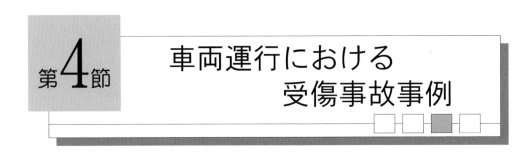

消防用自動車、救急用自動車等が道路交通法の特例規定を適用し、緊急出場する場合、出合い頭や正面衝突の事故等、重大事故発生に伴って消防職員が受傷する危険は極めて高くなる。

特に、次のような赤信号交差点の進入、対向車線の進入等の走行時においては、大きな受傷危険があることを認識し、最大限、安全に配慮しなければならない。

■事例 1　交差点内事故

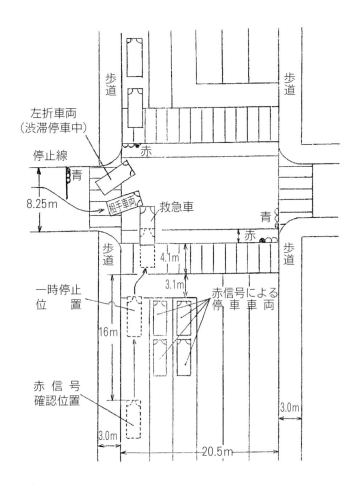

1　概要

緊急出場途上の救急車が赤信号交差点において乗用車と衝突し、救急隊員1名が受傷したもの。

2　発生日時

平成○○年○月　10時34分ころ

3　受傷者等

区分	消防側	相手側
車種	救急車	小型乗用車
損傷程度	左バンパー等損傷	右バンパー等損傷
受傷者	軽症（1名）	なし

4　事故の発生状況等

⑴　道路状況

　ア　救急車の対面信号は赤、相手小型乗用車の対面信号は青である。

　イ　相手小型乗用車の前方には、左折車両（貨物車）が渋滞停車中である。

⑵　発生状況

　ア　緊急出場途上の救急車は停止線で一時停止した後、赤信号交差点に進入した。

　イ　相手車は、停車中の左折車両（貨物車）の側方を通り、青信号交差点に進入した。

　ウ　救急車は相手車を確認したので、ブレーキをかけたが間に合わず、相手車右前面に衝突した。

5　再発防止対策

⑴　赤信号交差点を通過するときは、交差点直前で必ず一時停止して、左右の安全を確認すること。

　　また、一時停止する位置は、左右の安全を確認できる位置とする。

⑵　停止車両の陰から進入してくる車両を確認するため、停止車両直前で確実に一時停止し、安全を確認してから通過すること。

⑶　左右の安全確認は、隊長と隊員の連携により、相互に死角を補う工夫をすること。

⑷　運転席、隊長席のシートベルトは、業務上支障がないときは装着し、安全を図ること。

　　また、後部座席に傷病者の付添人等が同乗する際も、シートベルトを活用し、安全確保に努めること。

■事例2　対向車線での衝突事故事例

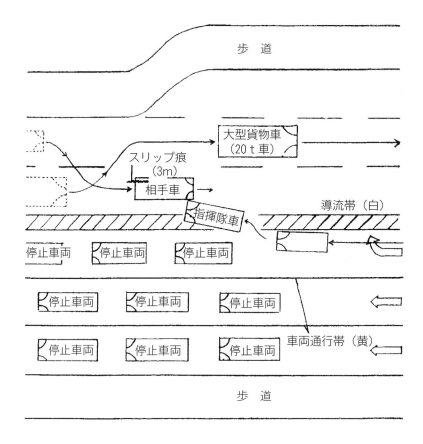

1　概要

　　緊急出場途上の指揮隊車が対向車線に進入し、小型貨物車と衝突し指揮隊員2名が受傷したもの。

2　発生日時

　　平成○○年○月　12時25分ころ

3　受傷者等

区分	消防側	相手側
車種	指揮隊車	小型貨物車（2t車）
損傷程度	右フロントドア等損傷	右フロントドア等損傷
受傷者	軽症（2名）	なし

4　事故の発生状況等

⑴　道路状況

　ア　指揮隊車の走行道路は、第一、第二が直進専用車線、第三が右折専用車線である。

　イ　指揮隊車の前方には交差点があり、全車線に車両が渋滞停止し、前進できない状況であった。

⑵　発生状況

　ア　緊急出場途上の指揮隊車は、第三車線を直進した。

　イ　指揮隊車は、前進できないことから、一時停止し、「反対車線を通行します」と拡声した後、ゆっくり導流帯（ゼブラゾーン）に進入した。

　ウ　対向車線の大型貨物車（20 t 車）が左側（歩道側）に進路変更し、指揮隊車の前方が空いたことから指揮隊車は更に前進した。

　エ　相手小型貨物車は、右側に進路変更したところ、指揮隊車を認めたのでブレーキをかけたが間に合わず、約 3 m スリップし、指揮隊車に衝突した。

5　再発防止対策

⑴　対向車線の走行は、正面衝突等の重大事故になる危険性を有していることから、対向車線への進入は、必要最小限とすること。

⑵　止むを得ず対向車線に出る場合は、前方の安全を確実に確認した後、進入すること。

⑶　一般車両、歩行者等は、対向車線に進入してくる車両があるとは思わず、一方向のみを確認して飛び出す場合があることを念頭におき、避譲車両、停止車両等の陰に十分注意すること。

⑷　対向の複数車線に進入する場合は、進路を変更してくる車両があることを予測すること。

⑸　一台の避譲で、対向車線のすべての車両が避譲していると即断せず、前方からくる全車両等の動向に十分注意すること。

⑹　対向車線の走行は、危険回避の余地を確保するため、側方間隔をできるだけとって安全な速度で走行し、側方間隔がとれない等状況によっては徐行すること。

⑺　サイレン音は、交通状況や相手車の走行方法等によって聞こえない場合があることを予想し、一般車両の避譲を確実に確認すること。

第 *4* 章

安 全 教 育

第**1**節 | 安全教育の
必要性と体系化

　人間が生まれてから社会で自立していく過程の中で、教育が重要であり教育を通じて社会生活への適応能力を向上させてきたことは誰もが理解しているところである。我々消防職員においても家庭内教育や義務教育を経て消防という職業を志し、消防学校の門をくぐり、階級、職務は様々であるが、都民の生命、身体及び財産をあらゆる災害から守るという崇高な職務に従事している。

　消防職員にとって安全管理という言葉は、まさに消防学校での教育で初めて触れたように思える。確かに、安全に関する教育というと世間一般では、交通安全とか防犯や防災教育の一環としての教育を受けてきた。消防という職務における安全管理とは、今まで述べてきたように、広く捉えると労働安全衛生法を根拠とする「労働のための職員の安全と健康を管理する」ということになる。とりわけ警防業務における安全管理においては、以下に述べる法令等に基づく安全衛生教育の一部が、各種研修を通じて実施されているが、安全管理に関する大部分が消防学校での各種研修や所属における職場内教育にウエイトが置かれている。組織にとっては職員が、あらゆる機会を捉えて安全教育を継続的に学ぶことで組織的な安全文化の醸成を図ることが重要である。

第1　法令等に基づく安全衛生教育

1　労働安全衛生法

　労働安全衛生法による安全衛生教育の根拠は、事業者が行わなければならない教育を掲げている。（第59条）

⑴　雇い入れ時の教育（第60条、60条の2）

⑵　作業内容を変更した時の教育（第59条第2項）

⑶　危険または有害な業務に従事させる場合の資格である特別教育を必要とする業務（第59条第3項）

⑷　職長等の教育（第60条）

> **労働安全衛生法**
> **（安全衛生教育）**
> **第59条**　事業者は、労働者を雇い入れたときは、当該労働者に対し、厚生労働省令で定めるところにより、その従事する業務に関する安全又は衛生のための教育を行なわなければならない。
> 2　前項の規定は、労働者の作業内容を変更したときについて準用する。
> 3　事業者は、危険又は有害な業務で、厚生労働省令で定めるものに労働者をつかせるときは、

厚生労働省令で定めるところにより、当該業務に関する安全又は衛生のための特別の教育を
行なわなければならない。

2　安全衛生教育等推進要綱

事業者が行う安全衛生教育の効果的な推進を図るため、厚生労働省が全体像を示したもの。

※　安全教育の体系図の例について、図15に示す。

表14　安全衛生教育の体系一部抜粋

教育の対象者		就業資格	就業時教育	就業中教育
1. 作業者	一般業務に従事する者 危険有害業務に従事する者 ・就業制限業務に従事する者 ・特別教育を必要とする危険有害業務に従事する者 ・その他の危険有害業務に従事する者 一般業務に従事する者及び危険有害業務に従事する者	免許試験・技能講習	雇入時教育 特別教育 特別教育に準じた教育	作業内容変更時教育 高齢時教育 危険有害業務従事者教育 （定期又は随時） 健康教育
2. 管理監督者	安全管理者 衛生管理者 安全衛生推進者 衛生推進者 作業主任者 職長等 作業指揮者	実務経験等 免許試験等 実務経験・養成講習 実務経験・養成講習 免許試験・技能講習	能力向上教育 （初任時） 職長教育 指名時教育	能力向上教育 （定期又は随時） 能力向上教育に準じた教育（定期又は随時）
3. 経営首脳者	事業者 統括安全衛生管理者 統括安全衛生責任者 安全衛生責任者			安全衛生セミナー
4. 安全衛生専門家	産業医 労働安全コンサルタント 作業環境測定士 安全管理士	医師 免許試験・登録 試験・講習・登録 実務経験等		実務向上研修

（安全衛生教育及び研修の推進について：厚生労働省　平成 3 年 1 月21日基発第39号）

図15 安全教育の体系図

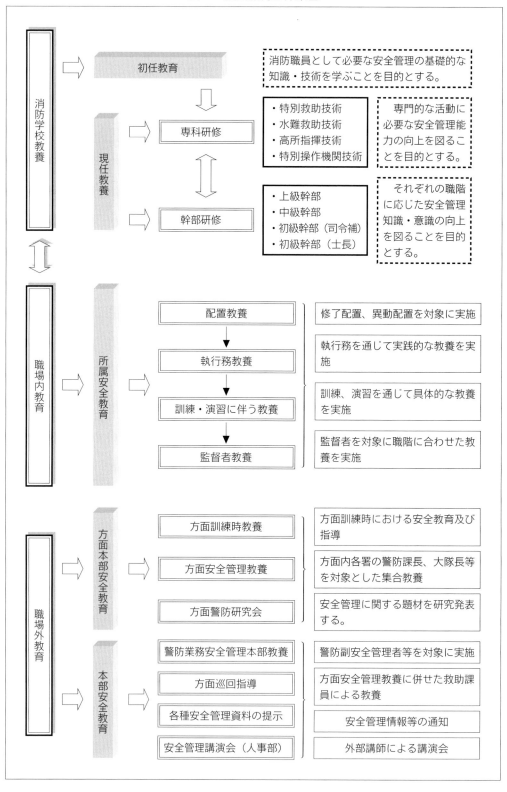

第2　安全教育

1　安全教育の方法

　　安全教育は、受講対象者、実施時期、実施場所、実施方法などにより方法が異なるが、5 W 1 Hの原則にそって具体的な教育計画を作成し、効率的かつ恒常的に行わなければならない。

　　一般的には表15に掲げる方法により行われる。

表15

	教育の実施体系	内容
1	教育担当部門による OFF-JT	事業場における共通的な教育（消防学校での初任教育、各種研修での教養）
2	各ラインで行われる OJT	新規に配置された者などに対する職務に密着した具体的な教育（新規配置者、人事異動に伴う各所属での教育）
3	各ラインで行われる OFF-JT	職種に応じた特定のテーマを、講義方式、ミーティング方式、小集団活動などの方式により実施する教育（警防部、方面本部、署で行う教養）
4	外部機関で行われる OFF-JT	事業場内で自ら対応できない専門的教育

⑴　OFF-JT（off-job training）：職場外教育

　　ア　消防学校等の教育担当部門が共通的なものについて実施するもの

　　　　（新規採用者、幹部研修等）

　　イ　特定のテーマなどについて実施するもの

　　　　（職能別教育の一部、特別教育、特定のテーマについての教育等）

　　ウ　外部の機関で実施するものに参加するもの

　　　　（専門的な教育、新しい安全衛生についての知識習得）

⑵　OJT（on the job training）：職場内教育

　　仕事を通じて、直接上司や先輩から教育を受ける方法で最も実践的であり効果も高くかつ、指導者の自己啓発にもつながるものである。

　　※　組織内の状況や教育目的、教育を行う者、教育を受ける者のレベルに合わせて、OJTや OFF-JTを組み合わせて実施することでより効果的に教育が実施できる。

2　安全教育の種類

　　安全教育は、様々な種類があるが、代表的なものを掲げてみる。

⑴　警防情報、安全管理情報等に基づいた事例研究

⑵　危険予知訓練（KYT）

⑶　4 S 運動（整理、整頓、清掃、清潔を目標とする運動）

⑷　安全点検

⑸　ツール・ボックス・ミーティング（TBM）

⑹　ヒヤリ・ハット報告制度

⑺　指差呼称制度

参考資料

○　警防資料・安全管理情報

　警防対策上の教養資料として警防隊員に周知すべき事案が発生した場合などに類似事故の再発防止を図るため、各種事故事例を分析し、警防部から全職員に対して通知するものであり、OJT などを通じて安全教育手法の一つとして活用するものである。

　警防資料：昭和50年3月から平成18年3月現在まで222事例

　安全管理情報：昭和63年7月から平成18年3月現在まで75事例

○　危険予知訓練（KYT）

　消防活動や訓練、演習等を描いたイラストシート（訓練シート）を使って、消防活動や訓練、演習等の中に潜む危険要因とそれが引き起こす現象を、小隊で話し合い、考え合い、分かり合って危険ポイントや重点実施項目を唱和し、指差呼称で確認して行動する前に安全を先取りする訓練。

○　4S運動

　整理、整頓、清掃、清潔の頭文字をとって4Sと呼称し、職場の目標として掲げ、職場環境において、不安全状態を作らないようにする運動。

○　安全点検

　消防署、訓練場などを巡回し、設備や作業環境などを点検し、災害ポテンシャル（災害発生要因）を摘出する安全活動。

○　ツール・ボックス・ミーティング（TBM）

　小隊などのような少人数で、訓練開始前に小隊長を中心に訓練場所近くで話し合うことをいい、簡単な安全ミーティングをいう。

　TBM の語源は、作業者が「道具箱」を囲むようにして話し合いをしていたところからきており、アメリカの建設業界で使われていたもので、職長が作業前に作業者にその日の仕事の割当てや手順、心構えなどを教える指示事項、伝達事項的なものであった。

○　ヒヤリ・ハット報告制度

　事故には至らなかったが「ヒヤリ・ハット」した事例を積極的に報告させ、その事例をもとに潜在する危険要因を事前に研究することで、職員一人ひとりの安全意識の高揚を図る。

　なお、将来における受傷事故防止が目的であるので、職員が報告に伴う不利益を生じさせないことが大切であり、「ヒヤリ・ハット」を経験した隊長や隊員が報告することに抵抗を感じない職場作りを全員で目指す制度である。また、多くの事例を収集し、分類、分析することが重要である。

第2節　消防における安全教育

第1　消防学校における安全教育

消防学校教養計画に基づき、初任教育、幹部研修、一部の専科研修において安全管理に関する教育を実施している。

1　初任教育

新規に採用された消防吏員を対象とし、消防職員として必要な基礎知識と技能を付与し、職責の正しい理解と必要な体力及び気力を育成するとともに、消防生活への適応と意識の高揚を図ることを目的として、各種実務、実科教育の中で、消防活動遂行上必要な安全管理の理念、安全管理の基礎実務について教育が行われている。

2　幹部研修

初級幹部（消防士長、消防司令補）、中級幹部、上級幹部の研修において、新しく任命される者若しくは、既に任命された者を対象に研修を行い、その階級に応じた指揮者としての責務と安全管理の責務について、指揮論及び消防活動指揮要領等の課程の中で実施している。

3　専科研修

専門的な知識・技能を付与するための研修で、警防、予防、救急、装備のそれぞれの部門の研修があるが、特別救助技術研修、水難救助技術研修、高所指揮技術研修、特別操作機関技術研修の中で、各種消防活動現場に必要な安全教育を実施している。

第2　所属における安全教育

各所属では、所属教養実施計画により、次のような各種教養等の中で消防活動にかかわる安全教養を実施している。

1　配置教養

新規採用で消防学校を卒業し、新たに消防署に配置になった者、または異動により新たに配置となった者に対し、災害現場やその他の警防業務など実務を通じて各種災害現場活動にかかわる安全管理について、一定期間重点的に教育する。（消防士長以下）

2　執行務教養

　日常の勤務の中で、執行務の処理に必要な事項について直接指導により行う。警防隊員の職務は、係系列の事務と災害組織系列の職務との両面を有しているだけでなく、消防装備の点検整備・訓練等も含まれている。こうした複数の職務を執行務としてとらえ、執行務の中で事故事例等を活用し、具体的な安全教育を実施している。

3　管理監督者教養

　署の管理監督者（消防司令及び消防司令補）に対して、管理実務の実践力を向上させるためのもので、消防活動現場にかかわる安全管理について、現場活動指揮の実践及び訓練、演習の中で教育するものである。

4　消防活動訓練及び演習

　消防活動訓練及び演習は、消防活動技能の向上と併せ、安全教育の場でもある。各種災害現場に対応できるよう訓練を通じてスキルアップを図るだけでなく、場面に応じた危険要因を確認するなど危険に対する感覚を養う場でもある。指揮者による安全管理に加え、訓練の内容に応じて安全主任者又は安全員を指定することで二重・三重の監視の目をもって安全管理に万全を期している。

5　警防副安全管理者及び警防安全推進者による教育

　年度ごとに警防部により示される安全教育の取組内容について、各所属の警防副安全管理者（方面本部副本部長、消防署警防課長等）及び警防安全推進者（方面本部指揮隊長、消防署大隊長等）が所属職員に対し安全教育を行う。

第3　方面本部における安全教育

　方面本部では、所轄方面内の特性に応じた訓練、演習及び研究会等の中で、消防活動にかかわる安全教育を実施している。

1　方面消防活動訓練及び訓練指導

　方面訓練は、署活動訓練より規模が大きく、大隊単位の規模で実施され、隊員及び指揮者の訓練の場ともなっている。方面訓練場の設備を活用し、高度な技術訓練の場でもあり、安全教育と指揮技術の指導も実施している。

2　方面安全管理教養及び方面警防研究会

　消防活動関係の教養や研究会を方面単位で実施し、隊員等の活動技能の向上に資するとともに、事例等を活用した効率的な消防活動のための研究と安全教育を実施している。

第 4　警防部における安全教育

警防部においては、次のような安全教育を実施している。

1　警防業務安全管理本部教養

警防副安全管理者、警防安全推進者及び安全主任者を対象に、様々な消防活動中における事故防止対策のポイント等について教養を実施している。

2　方面安全管理教養に伴う巡回指導

消防方面本部で主催する安全教育実施の機会を捉え、警防業務の安全管理を主管する警防課が巡回指導のため出向し、安全主任者等に対しての安全教育を実施し、安全風土の醸成の重要性を認識させ、災害現場や訓練、演習実施時の受傷事故の発生の未然防止を図っている。

3　安全教育教材

受傷事故防止対策として、過去の受傷事故の事例、教訓、安全対策等の資料や、関係各課と連携して住宅火災の危険要因を解説した動画資料等を作成し、所属における安全教育の一助としている。

4　安全管理情報及び四半期ごとの受傷事故発生状況の通知

消防活動及び訓練、演習時における消防隊員の受傷事故が発生した場合、速報している。また、安全管理情報（VTA 分析や 4 Mによる事故分析を実施）や四半期ごとの受傷状況、消防活動及び訓練、演習時における職員の受傷状況などを各所属に通知することによって、同種事故の再発防止を図るとともに注意を喚起し、所属における安全教育に活用している。

参 考 文 献

大関親「新しい時代の安全管理のすべて」中央労働災害防止協会　2005年

西島茂一「これからの安全管理」中央労働災害防止協会　1993年

東京消防庁警防部監修「近代消防戦術　第5編安全管理」　1977年

総務省消防庁「消防活動における安全管理に係る検討会報告書」　2004年

「ヒューマンファクターの基礎」社団法人日本航空技術協会　2003年

日本火災学会編「火災便覧第3版」共立出版　1997年

日本火災学会監修「火災と消火の理論と応用」東京法令出版　2005年

「消防活動基準集(初版)」財団法人東京防災指導協会　1991年

長谷見雄二「火事場のサイエンス」井上書院　1988年

東京消防庁消防科学研究所「フラッシュオーバーに関する研究報告書」　1996年

東京消防庁警防部「火災性状等教養講座テキスト＜基礎編＞」　2003年

東京消防庁警防部「火災性状等教養講座テキスト＜問題編＞」　2003年

東京消防庁警防部「火災性状等教養講座テキスト＜解答編＞」　2003年

東京消防機器研究会編「新・消防機器便覧」東京法令出版　2005年

救助技術研究会編「救助技術と安全管理」全国加除法令出版　1979年

安全工学協会編「新安全工学便覧」コロナ社　1999年

東京消防庁消防科学研究所「消防科学研究所報8号」　1971年

東京消防庁消防科学研究所「消防科学研究所報42号」　2005年

東京消防庁警防部救助課「安全管理情報第32号」　1996年

関邦博、坂本和義、山崎昌広編「人間の許容限界ハンドブック」朝倉書店　1990年

芳賀繁「失敗のメカニズム」日本出版サービス　2000年

東京消防庁「濃煙熱気内における消防隊員の行動と心理的影響に関する研究会検討結果報告書」　2004年

東京消防庁消防科学研究所「ヒューマン・ファクターから見た消防活動と受傷危険に関する研究」　2004年

J.Reason（塩見弘 監訳）「組織事故」日科技連出版社　1999年

石橋明「記念講演　ヒューマン・エラーの正体と事故防止対策」財団法人全国危険物安全協会　2004年

財団法人全国危険物保安協会「危険物と保安（増刊号）」p2-23　2004年

東京消防庁「心理学から見た消防活動現場における安全管理のあり方研究会結果報告書」　2003年

田中英登「熱中症の症状と応急措置」　2004年

森本武利「水分とイオンの基礎知識」健康と料理社　2000年

栗山節郎ほか「ストレッチングの実際」南江堂　1996年

高橋洋一ほか「スポーツ外傷（診断・治療・予防）」オーム社　1986年

INTERNATIONAL FIRE SERVICE TRAINING ASSOCIATION：ESSENTIALS OF FIRE
FIGHTING IV, Board of Regents, Oklahoma State University, 1998.

三宅康史ほか「熱中症の実態調査―Heatstroke STUDY 2006最終報告―」日本救急医学会雑誌　2008年

環境省環境保健部環境安全課「熱中症環境保健マニュアル2009」　2009年

安全管理執筆協力者等

階　　　級	氏　　　名	協力内容
副参事	城　田　　　剛	本　文　執　筆
主事（主任研究員）	鎌　形　健　司	
消防司令	下　畑　行　盛	
消防司令	白　銀　武　郎	
消防司令	菅　原　洋　一	
消防司令	田　中　康　之	
消防司令	田　中　義　夫	
主事（課長補佐兼主任研究員）	千　葉　　　博	
消防司令	宮　澤　和　良	
消防司令補	落　合　博　志	
消防司令補	清　水　幸　男	
消防司令補	高　橋　祐　司	
消防司令補	玉　越　孝　一	
消防司令補	野　口　博　文	
消防司令補	古　木　康　友	
消防司令補	湯　浅　弘　章	
消防司令補	菊　池　仁　一	第3章事例「イラスト」
消防司令	竹　泉　　　聡	事　務　局
消防司令補	大　澤　　　晃	
消防司令補	大久保　善　幸	
消防士長	勝　田　　　崇	
消防士長	竹　山　　　哲	

安全管理

受傷事故の科学的分析と再発防止

平成18年8月10日　初 版 発 行
令和6年9月15日　初版25刷発行

監　修／東京消防庁

発　行／公益財団法人　東京連合防火協会
　　　　東京都千代田区大手町1－3－5　東京消防庁内
　　　　〒100-8119・TEL 03(3212)4010

東京法令出版株式会社

112-0002	東京都文京区小石川5丁目17番3号	03(5803)3304
534-0024	大阪市都島区東野田町1丁目17番12号	06(6355)5226
062-0902	札幌市豊平区豊平2条5丁目1番27号	011(822)8811
980-0012	仙台市青葉区錦町1丁目1番10号	022(216)5871
460-0003	名古屋市中区錦1丁目6番34号	052(218)5552
730-0005	広島市中区西白島町11番9号	082(212)0888
810-0011	福岡市中央区高砂2丁目13番22号	092(533)1588
380-8688	長野市南千歳町1005番地	

〔営業〕TEL 026(224)5411　FAX 026(224)5419
〔編集〕TEL 026(224)5412　FAX 026(224)5439
https://www.tokyo-horei.co.jp/

ISBN978-4-8090-2532-7